A GUIDE TO
COMPOSITION IN
ITALIAN

A GUIDE TO COMPOSITION IN ITALIAN

With Key

BY TONI CERUTTI

CAMBRIDGE UNIVERSITY PRESS

CAMBRIDGE

LONDON   NEW YORK   NEW ROCHELLE

MELBOURNE   SYDNEY

Published by the Press Syndicate of the University of Cambridge
The Pitt Building, Trumpington Street, Cambridge CB2 1RP
32 East 57th Street, New York, NY 10022, USA
296 Beaconsfield Parade, Middle Park, Melbourne 3206, Australia

Library of Congress catalogue card number: 66-16663

ISBN 0 521 04593 2

First published 1966
Reprinted 1975
Reprinted with key 1978
Reprinted 1979

Printed in Great Britain at the
University Press, Cambridge

Contents

Introduction

This collection of Italian passages, which have been selected for reading and comprehension exercises, is intended for use with students who already have a basic knowledge of the language. Exercises similar to the ones contained in this book have widely and for a long time been in use in the teaching of English to foreigners, but since this is a first attempt in Italian, a few words on how to use the book may prove useful.

The main purpose of the book is to introduce the student to essay-writing, while building up his confidence in expressing himself in Italian. For this reason, all passages have been chosen from contemporary Italian texts. Each section consists of two parts: first, a prose extract, second, instructions for exercises. The aim of the exercises is to provide the student with a wide range of vocabulary, a great flexibility of expression as well as an accurate use and understanding of the language. It is essential, therefore, that all exercises—apart from F, which can be used at the teacher's discretion—must be attempted in relation to the content of the passage. For instance, in the following sentences:

La casa degli spiriti
Gli spiriti dannati nell'Inferno di Dante

the word *spiriti* admits of two synonyms. In the first case the equivalent of *spiriti* is *fantasmi*, while in the second instance *anime* is the correct form. Exercises C and E concentrate on fluency of expression: C tends to enlarge the student's vocabulary, while E gives some practice in syntactical constructions. Exercise D, on the other hand, is mainly intended for comprehension practice. It is advisable that all exercises, apart from A, should first be attempted in writing, then discussed orally in class. The essay-subjects which come under **F** do not necessarily depend on the content of the preceding passage, but the vocabulary used in it, as well as in the exercises, provides a good starting-point for the treatment of more general topics. More language exercises can be devised by the teacher: all passages, for example, are suitable for dictation; the student can be required to supply opposites as well as, or instead of, synonyms; whole passages or parts of them can be turned from the first person into the third person, or *vice versa*, etc. Those included in the book merely give a sample of what can be done, and are intended as a general suggestion. In order to give the student the feeling of an *Italian style* in writing and in speaking, direct translation should be avoided at all times. This can be achieved at an early stage by training students to consult dictionaries in Italian.[1]

The passages have been arranged in progressive order and the collection is divided into two parts: elementary 1–19, advanced 20–38. Note, however, that the actual difficulties individual students encounter often vary according to their previous experience of the language. Here again, progression is only intended as a general suggestion, and the teacher remains the best person to decide which passages should come first. Passages of this level are suitable for students preparing for A level, for first-year university students and for use in intermediate and advanced evening classes.

I should like to express my thanks to Professor Limentani and Dr C. P. Brand of Cambridge University for their assistance in devising this collection, and to Dr B. Moloney of Leeds University for reading the book and bringing forward the point of view of the English teacher of Italian.

[1] The best dictionaries in Italian which are suitable for use in schools are the ones compiled by N. Zingarelli, Bologna, Zanichelli; F. Palazzi, Milan, Ceschina; B. Migliorini, Turin, Paravia; and the one edited by Garzanti, Milan.

PART I

1. L'albergatore ammalato

Io sono proprietario di un grande albergo di montagna che ho comprato e riedificato da me, coi miei denari.

Il mio albergo, lo posso affermare anche qui, si trova nella migliore posizione della vallata e la vista dalle sue finestre e dalle sue terrazze è incantevole tanto d'estate che in inverno.

Un tempo dirigevo io l'azienda, con l'aiuto di mio figlio, di un segretario e di un bravo portiere. Venivo così a conoscere di persona la clientela e a coltivare, in un certo senso, delle amicizie. Purtroppo, da più di un anno la salute non mi dà tregua e quindi oggi è raro che io sia veduto in conversazione con gli ospiti di maggior riguardo. Se però capita, parlo ancora d'impiego di capitali, di malattie legate all'età, di come, senza badare a spese, ho migliorato i bagni e l'arredamento delle camere. Portati su questo ultimo capitolo, i miei autorevoli ospiti insistono sui medesimi lusinghieri confronti: frequentano solo alberghi di lusso quanto il mio e desiderano che io me ne accorga. L'albergo, devo dire, rimane aperto tutto l'anno, salvo un breve periodo autunnale in cui lo riordiniamo da cima a fondo: questo significa che mi tocca viverci di continuo e considerarlo la mia vera casa, la quale, infine, consiste di quattro stanze, al pianterreno, in una parte dedicata ai servizi e all'uso privato. Vi accedo da un cortiletto interno e non da quella porta ora chiusa, sprangata, che, rispondendo all'ufficio, lascerebbe passare l'incessante brusio del salone d'ingresso.   A. LORIA

A Leggere il brano ad alta voce.

B Riassumere il brano precedente in non più di cento parole, usando la terza persona singolare.

C Fornire sinonimi di:

1. riedificato; 2. si trova; 3. la vista; 4. in un certo senso; 5. su quest'ultimo capitolo; 6. confronti; 7. salvo; 8. mi tocca.

D Spiegare il significato delle seguenti espressioni:

1. l'azienda; 2. la salute non mi dà tregua; 3. gli ospiti di maggior riguardo; 4. impiego di capitali; 5. senza badare a spese; 6. da cima a fondo; 7. l'incessante brusio.

E Rispondere alle seguenti domande:

1. Dove è situato l'albergo?

2. Come erano i rapporti fra il proprietario e i suoi clienti e come sono ora?

3. Dove si trova l'alloggio del proprietario?

F Temi:

1. Il turismo nel mondo odierno.

2. Descrivere un soggiorno in albergo.

2. *Dopo il delitto: sensazioni*

Una gran pace calda riposava sulle cose. Sui fiori svolazzavano farfalle e libellule dalle ali trasparenti. Un bel sole di lieto aprile scaldava la terra e accendeva il verde contrastante dei lauri, dei sicomori e degli ulivi. La natura era quieta, a posto, come se prete Cirillo non fosse mai morto. Il peso della terra non era diminuito per questo.

Il barone pensò che tutto ciò poteva essere un sogno: ma non era un sogno il grosso ch'egli sentiva sotto la mano: questi erano denari, la salvezza, l'onore, la libertà, la vita, il tutto in luogo del nulla.

Rimase due minuti coi piedi sprofondati nella terra molle, come se un gran peso lo tirasse in giù, poi sentì il bisogno di rompere l'incantesimo e di non lasciarsi prendere dai brividi.

— Sono sensazioni! — disse a voce chiara, rispondendo a una domanda interiore.

Voleva dire a se stesso che le sensazioni passano e i fatti restano.   E. DE MARCHI

A   Leggere il brano ad alta voce.

B   Riassumere il brano precedente in non più di settanta parole.

C   Fornire sinonimi di:

1. quieta; 2. a posto; 3. il grosso; 4. denari; 5. il bisogno; 6. rompere; 7. restano.

D   Spiegare il significato delle seguenti espressioni:

1. accendeva il verde contrastante dei lauri, dei sicomori e degli ulivi; 2. il tutto in luogo del nulla; 3. nella terra molle; 4. non lasciarsi prendere dai brividi; 5. rispondendo a una domanda interiore.

E   Riscrivere le seguenti frasi, sostituendo le espressioni in corsivo con altre analoghe:

1. Una gran pace *calda riposava sulle cose.*

2. Rimase due minuti coi piedi sprofondati nella terra molle, *come se un gran peso lo tirasse in giù, poi sentì il bisogno di rompere l'incantesimo e di non lasciarsi prendere dai brividi.*

F   Temi:

1. Discutere l'asserzione dell'autore che le sensazioni passano e i fatti restano, in relazione all'atteggiamento del barone.

2. La pena capitale.

3. *Il Palio* [1]

Penetrare nel mondo del Palio è come penetrare nell'anima di Siena, nel suo cuore caldo e segreto. Non è un itinerario facile; occorrono particolari disposizioni di spirito, in un certo senso, uno stato di grazia. Allora gli uomini e le cose assumono una nuova dimensione, una peculiare qualità allusiva, simbolica; e l'aria stessa della città – quell'aria dolce lucida, serena, cantata da Fazio degli Uberti [2] – appare fitta d'emblemi

---

[1] Corsa di cavalli in costume medievale, che si corre ogni anno a Siena.
[2] Poeta italiano del 1300, autore del *Dittamondo* e di numerose poesie amorose.

araldici. Il passato a Siena non è mai intieramente morto, né tanto meno imbalsamato nei musei, ma partecipa senza soluzione di continuità di un eterno presente, nel fluire della vita di contrada. È precisamente questa continuità che costituisce il maggior fascino del Palio, e insieme lo differenzia dalle varie manifestazioni consimili: gioco del calcio in costume, giostra del Saracino ecc., caroselli storici ormai decaduti a livello turistico. A Siena invece il Palio si correrebbe con il medesimo entusiasmo, anche se non si vedesse un solo turista sulle gradinate dei palchi. Lo fecero nel luglio del '45 a guerra appena finita; poi di nuovo nell'agosto, col pretesto della resa del Giappone e in realtà per rifarsi del lungo digiuno degli anni bellici.

M. L. RIZZATI

A Leggere il brano ad alta voce.

B Riassumere il brano precedente in non più di settanta parole.

C Fornire sinonimi di:

1. particolari; 2. assumono; 3. stessa; 4. lucida; 5. fitta; 6. continuità; 7. fascino; 8. entusiasmo; 9. resa.

D Spiegare il significato delle seguenti espressioni:

1. itinerario; 2. uno stato di grazia; 3. emblemi araldici; 4. musei; 5. differenzia; 6. caroselli storici; 7. decaduti; 8. gradinate dei palchi.

E Riscrivere le seguenti frasi, sostituendo le espressioni sottolineate con altre analoghe:

1. Il passato a Siena non è mai intieramente morto, *né tanto meno imbalsamato nei musei*, ma partecipa *senza soluzione di continuità di un eterno presente, nel fluire della vita di contrada.*

2. Lo fecero nel luglio del '45 *a guerra appena finita*; poi di nuovo nell'agosto, *col pretesto della resa del Giappone* e in realtà per rifarsi *del lungo digiuno degli anni bellici.*

F Temi:

1. Tradizioni folkloristiche in Inghilterra.

2 'Il passato non è mai intieramente morto.' Discutere questa affermazione.

6

4. Il maestro di Vigevano

Sono davanti alla porta della direzione. La domanda l'ho in tasca, ma non ho il coraggio di aprire quella porta. Alla mattina prevedendo che mi mancasse il coraggio ho detto ai colleghi che la mia intenzione era di dimettermi dalla scuola.

— E che farai? — mi domandò Amiconi.

— Farò l'industriale. — risposi.

Sia Amiconi che Cipollone si misero a ridere: — Mi sa che tu te ne pentirai e tornerai a fare il maestro!

La notizia si diffuse per i corridoi. Ogni momento veniva qualche collega a domandarmi se è vero; se la voce che gira risponde a verità. Annuivo. Mi guardavano come fossi un pazzo. Mi dava una sensazione di piacere quello sguardare.

— L'industriale? —

— L'industriale! —

Ora ero davanti alla porta; guardavo la maniglia che luceva, non avevo il coraggio di alzare la mano e aprirla. Me ne stavo fermo, poggiato al muro e pensavo: responsabilità.

Fissavo una piastrella e quando alzai gli occhi vidi i colleghi che mi guardavano con gli occhi spalancati.

— Una buon'uscita si fa presto a far fuori, e poi? — mi disse Amiconi.

Cristo, quegli occhi che mi guardavano, che mi scrutavano fino in fondo; che mi leggevano nel pensiero: quelle facce che stavano lì ferme, fisse, con un'aria sospesa come guardare un equilibrista che cammina su una corda senza sotto la rete di protezione; seguitavano a guardarmi ancora ancora ancora...

L. MASTRONARDI

7

A Leggere il brano ad alta voce.

B Riassumere il brano precedente in non più di cento parole, usando la terza persona singolare.

C Fornire sinonimi di:

1. alla porta; 2. era mia intenzione; 3. mi sa; 4. si diffuse; 5. un pazzo; 6. un equilibrista.

D Spiegare le seguenti espressioni:

1. direzione; 2. fare il maestro; 3. la voce che gira; 4. annuivo; 5. quello sguardare; 6. una buona uscita; 7. far fuori.

E Riscrivere le seguenti frasi, usando la forma indiretta:

1. Sia Amiconi che Cipollone si misero a ridere; — *Mi sa che tu te ne pentirai e tornerai a fare il maestro!*

2. — *Una buona uscita si fa presto a far fuori, e poi? — mi disse Amiconi.*

F Temi:

1. Vita di scuola.

2. Completare a vostro piacimento, la storia del maestro di Vigevano.

5. Le terre del Sacramento

Ai primi di giugno cominciò a piovere dolcemente. Piovve per tre giorni e l'acqua temperò la terra. Tornato il sole, i contadini si misero a zappare. Si avventarono sulle zolle con impeto guerriero, come se volessero finalmente domare quei campi selvaggi. Raccoglievano i sassi e ne facevano macerie come tumuli di antichi sepolcri; costruirono muri di cinta per i confini. Dove la terra umifera era scarsa e affiorava la rena compatta e gialla del sottostrato, i contadini trasportavano la buona terra, che le alluvioni in tanti anni avevano ammonticchiata altrove. I ragazzi trasportavano la terra a spalla dentro le corbe e i canestri di canna intrecciati durante l'inverno. Le donne inginocchiate, la spargevano con dolci colpi di zappa, o con le mani: un gesto largo e leggero come una carezza.

Dove erano capitate ulivelle stente, antiche, corrose dalle intemperie, le radici furono scalzate, coperte prima di letame e poi di buon terriccio. Nelle zone scoscese facevano piccole dighe con i sassi accumulati per arginare il futuro scorrere della pioggia. Lavoravano dall'alba al tramonto mangiando un tozzo di pane e bevendo l'acqua che le donne andavano a prendere a Fonte Spidalieri, nei pressi della cappella.

F. JOVINE

A Leggere il brano ad alta voce.

B Riassumere il brano precedente in non più di ottanta parole.

C Fornire sinonimi di:

1. dolcemente; 2. impeto guerriero; 3. selvaggi; 4. antichi; 5. umifera; 6. stente; 7. intemperie; 8. pioggia.

D Spiegare il significato delle seguenti espressioni:

1. l'acqua temperò la terra; 2. ne facevano macerie; 3. tumuli; 4. buona terra; 5. alluvioni; 6. corbe e canestri; 7. zone scoscese; 8. arginare.

E Riscrivere le seguenti frasi, sostituendo le espressioni in corsivo con altre analoghe:

1. *Si avventarono sulle zone con impeto guerriero; come se volessero finalmente domare* quei campi selvaggi.

2. Dove erano capitate *ulivelle stente,* antiche, *corrose dalle intemperie, le radici furono scalzate, coperte* prima di letame e poi di buon terriccio.

F Temi:

1. La vita dei campi.
2. L'agricoltura nel mondo moderno.

6. *Una gita in montagna*

(In montagna, vicino a un precipizio.)

ALBERTO   Oh Dio. Che mi sarà successo. Che mi sarà successo...

FRANCESCA (*incerottandogli la faccia in modo esuberante*) Stai meglio, ora?

ALBERTO (*che non può parlare causa un cerotto attraverso la bocca*) Non…non lo so…Che cosa…mi sarò fatto…

Entra ansante il Dottore; poi col cappellino di traverso, la zia Ofelia; poi la zia Cleofe; poi Noemi. L'aria comincia a scurire.

IL DOTTORE (*accingendosi a palpare il paziente*) Calma. Coraggio, Alberto. Siamo qui.

FRANCESCA Per carità, dottore.

IL DOTTORE Niente paura, ne ho viste di ben peggio. Uomini sfracellati, ridotti a pezzetti. Dov'è la mia borsa? Può parlare?

FRANCESCA Finora ha parlato.

IL DOTTORE E perché ora non parla?

ALBERTO (*barbugliando e indicando il cerotto*) Il…ce… rot…to!

IL DOTTORE (*ad Alberto, gridando come se fosse sordo*) Una disgrazia? Caduto? Precipizio?

ALBERTO (*fa cenno di sì*).

IL DOTTORE Dice di sì. Benissimo. Benissimo. Ora vediamo.

OFELIA (*si precipita dentro*) Alberto! Alberto! mi senti? Sono io, la zia Ofelia. Dimmelo, che mi senti.

ALBERTO (*molto seccato, aprendosi un po' i cerotti*) O bella: perché non dovrei sentirti. Mi faresti perdere la pazienza.

OFELIA Insomma, dottore, come sta?

IL DOTTORE (*fa a più riprese cenno di tacere, ottenendo un religioso silenzio; ausculta il paziente; si rialza non senza un certo malumore e disprezzo*) Sta meglio di me!

ALBERTO (*alzandosi, meticoloso*) Non mi verrà una commozione cerebrale?

OFELIA Oppure viscerale. Sono le peggiori.

CLEOFE (*entrata da qualche istante*) Quante storie. Lo dicevo io che non era niente.

OFELIA (*con ambigua calma*) Niente. Un piccolo salto in un precipizio.

CLEOFE Precipizio! Un buco di ortiche!

OFELIA Il precipizio c'era. Bastava un piccolo rimbalzo...

CLEOFE Sì, era una palla di gomma.

OFELIA ...ed ora, in quel posto, avremmo avuto un cadavere.

CLEOFE Doveva bere meno rum.

OFELIA Non si tratta di rum. (*Il suo accento si fa grave*) Per fortuna vi ero io... (*mostrandolo*) il mio binocolo. Francesca?

Si forma un silenzio. Tutti si voltano alla ragazza la quale, ora, come distratta e indifferente, sembra guardare lontano.

OFELIA Francesca, mi sai dire com'è stato che Alberto è caduto giù?

FRANCESCA (*con voce assente*) L'ho gettato giù io.

ALBERTO Eh?

OFELIA E perché l'hai gettato giù?

FRANCESCA (*come sopra*) Perché volevo gettarlo giù.

OFELIA (*ad Alberto*) Voleva ucciderti, caro. Ho visto io.

ALBERTO Voleva...

OFELIA Ucciderti, sì.

ALBERTO E perché?

NOEMI (*facendosi avanti, tranquilla e velenosa*) Ma perché ti ama, caro. Ti ama ferocemente, furiosamente.

ALBERTO (*trasecolato*) Eh?

NOEMI Ti ama: senza speranza. Ti ama...ed è quello che è: una figliola di provincia, che non sa vestire, che non ha un soldo di dote, cui nessuno fa la corte, un'acqua cheta... piuttosto ipocrita...piuttosto calcolatrice...piuttosto invidiosa...

ALBERTO (*saltando su come una furia, e strappandosi violentemente gli ultimi cerotti*) Se dici una parola di più contro quella ragazza, ti dò uno schiaffo.   U. BETTI

II

A Leggere il brano ad alta voce.

B Raccontare il brano precedente, servendosi della forma indiretta, in non più di centocinquanta parole.

C Fornire sinonimi di:

1. barbugliando; 2. precipizio; 3. meticoloso; 4. grave; 5. binocolo; 6. assente; 7. ucciderti; 8. trasecolato.

D Spiegare il significato delle seguenti espressioni:

1. incerottandogli la faccia; 2. col cappellino di traverso; 3. per carità; 4. o bella!; 5. ausculta il paziente; 6. una commozione cerebrale; 7. precipizio! un buco di ortiche!; 8. tranquilla e velenosa; 9. un'acqua cheta.

E Rispondere alle seguenti domande:

1. Cosa è accaduto ad Alberto?

2. In che modo si è potuto scoprire che Francesca ha spinto giù Alberto?

3. Perché lo ha fatto?

F Tema:

1. Più si ama più si è vicini ad odiare.

2. L'alpinismo.

7. *La casa d'Oreste*

La casa d'Oreste era all'angolo della piazza, sul terrazzo dei muraglioni, e aveva un roseo colore marezzato — una vera villetta scolorita dai rampicanti e dal vento. Perché lassù tirava vento anche a quell'ora: me ne accorsi non appena sbucai sulla piazza e il carrettiere m'indicò la casa. Ero sudato ed andai dritto ai tre gradini della porta. Bussai col batacchietto di bronzo.

Mentre aspettavo mi guardavo intorno: l'intonaco scabro nella luce, un ciuffo d'erba sul terrazzo contro il cielo, il gran silenzio meridiano. Nello strepito del carro che s'allontanava, pensai che quelli per Oreste erano luoghi familiari, c'era nato e cresciuto, dovevano dirgli chi sa che. Pensai quanti luoghi ci sono nel mondo che appartengono così a qualcuno, che qualcuno ha nel sangue e nessun altro li sa. Ritoccai con mano la porta.

Mi rispose una donna attraverso le persiane accostate. Esclamò; brontolò, s'informava. Né Oreste né il suo amico erano in casa. Mi disse di attendere; chiesi scusa di arrivare a quell'ora; finalmente mi apersero. C. PAVESE

A Leggere il brano ad alta voce.

B Riassumere il brano precedente in non più di settantacinque parole.

C Fornire sinonimi di:
1. me ne accorsi; 2. gradini; 3. aspettavo; 4. scabro; 5. strepito; 6. le persiane; 7. chiesi scusa.

D Spiegare le seguenti espressioni:
1. una vera villetta; 2. rampicanti; 3. batacchietto; 4. l'intonaco; 5. il gran silenzio meridiano; 6. ha nel sangue.

E Riscrivere le seguenti frasi, sostituendo le parole in corsive con espressioni analoghe:

1. Mentre aspettavo, *mi guardavo intorno: l'intonaco scabro nella luce, un ciuffo sul terrazzo contro il cielo, il gran silenzio meridiano.*

2. Pensai *quanti luoghi ci sono nel mondo che appartengono così a qualcuno, che qualcuno ha nel sangue e nessun altro li sa.*

F Temi:
1. Ricordi d'infanzia.
2. Completare il racconto del brano precedente.

8. Cammelli e jeep

Quest'anno i viaggi all'estero hanno subìto una leggera deflessione, malgrado le offerte abbondanti delle agenzie di viaggio. Sono molte però le crociere che prendono il via domani. Mezzanotte in navigazione offre una suggestione incomparabile, con il vantaggio che il giorno dopo si può sbarcare in Grecia, a Palma di Majorca, o Casablanca e spendere gli spiccioli della tredicesima in ricordini esotici.

In alcuni casi si buttano smoking e abito lungo alle ortiche per infilarsi sahariane e caschi coloniali. Con una spesa non alta si può iniziare l'anno su una carovaniera marocchina e stappare 'champagne' mentre si viaggia a dorso di cammello o, per chi soffra di mal di mare (non per nulla il cammello si chiama la nave del deserto), sul sedile di una jeep.

Altra scelta è il safari fotografico nel Kenia. Costa caro, ma si può riportare a casa la foto ricordo di un elefante nella savana, del rinoceronte lanciato in una carica folle, di un leone che pasteggia con la solita zebra. Il viaggio è in aereo; si parte col cappotto, si arriva con i pantaloni corti. Il tradizionale ballo è previsto nella jungla al suono di grammofoni con sottofondo di grida di animali selvaggi.

Qualcuno è già partito per un itinerario classico: sette giorni in Palestina, cinque a Madrid, dove in una notte si possono cambiare venti locali notturni.   *La Stampa Sera*

A   Leggere il brano ad alta voce.

B   Esporre il contenuto del brano precedente in non più di novanta parole.

C   Fornire sinonimi di:
1. deflessione; 2. malgrado; 3. il giorno dopo; 4. savana; 5. pasteggia; 6. ballo; 7. grammofoni.

D   Spiegare il significato delle seguenti espressioni:
1. prendono il via; 2. gli spiccioli; 3. la tredicesima; 4. ricordini esotici; 5. si buttano smoking e abito lungo alle ortiche; 6. carovaniera marocchina; 7. il safari fotografico.

E   Riscrivere le seguenti frasi sostituendo le espressioni in corsivo con parole analoghe:
1. *Mezzanotte in navigazione offre una suggestione incomparabile*, con il vantaggio che il giorno dopo si può sbarcare in Grecia, a Palma

di Majorca, o Casablanca e spendere gli spiccioli della tredicesima in ricordini esotici.

2. Costa caro, *ma si può riportare a casa la foto ricordo di un elefante nella savana, del rinoceronte lanciato in una carica folle, di un leone che pasteggia con la solita zebra.*

F Temi:
1. Esperienze di viaggio.
2. Perché i viaggi all'estero sono fra le vacanze preferite del giorno d'oggi?

9. Don Camillo

Don Camillo, quando vedeva comparire in chiesa o in canonica il vecchio Rocchi, borbottava fra sé: 'Ecco qui il commissario politico!' Perché il vecchio Rocchi era il capo di quella squadra di sorveglianza che non manca in nessuna parrocchia e che ha il compito di vigilare sul contegno del prete in chiesa e fuori, e di scrivere le lettere di protesta al vescovo quando, secondo i vigilanti, il prete sgarra o, addirittura dà scandalo.

Il vecchio Rocchi non mancava naturalmente a nessuna funzione, e siccome aveva il banco di famiglia in prima fila, poteva seguire don Camillo dall'a alla zeta e, così ogni tanto, durante la Messa si voltava verso la moglie e le diceva con un sorrisetto: 'Ha tagliato.' Oppure: 'Chi sa dove ha oggi la testa.' Oppure: 'Non è più il don Camillo di una volta.'

E, alla fine, andava in canonica a fare le sue osservazioni sulla predica e a dare i suoi consigli. Don Camillo non era certo il tipo da preoccuparsi di gente come il vecchio Rocchi; però gli seccava di sentirsi sempre quegli occhi addosso e se durante la Messa, gli veniva il bisogno di soffiarsi il naso, levava gli occhi al Cristo Crocifisso e pregava mentalmente: 'Gesù, assistetemi: fate che io riesca a soffiarmi il naso in modo tale da non dar scandalo.'

Il Rocchi, infatti, era severissimo nelle questioni di forma: 'L'arciprete di Treville, quando si soffia il naso durante la Messa, non te ne accorgi: questo qui, invece, pare una tromba del Giudizio Universale', aveva osservato più d'una volta.

G. GUARESCHI

A Leggere il brano ad alta voce.

B Riassumere il brano precedente in non più di novanta parole.

C Fornire sinonimi di:

1. comparire; 2. compito; 3. contegno; 4. funzione; 5. sulla predica; 6. gli seccava; 7. levava.

D Spiegare le seguenti espressioni:

1. il commissario politico; 2. non manca; 3. il prete sgarra; 4. dall'a alla zeta; 5. ha tagliato; 6. dove ha oggi la testa; 7. il don Camillo d'una volta; 8. canonica.

E Riscrivere le seguenti frasi sostituendo le espressioni in corsivo con parole analoghe ed usando la forma indiretta:

1. Il vecchio Rocchi non mancava naturalmente a nessuna funzione, e siccome aveva il banco di famiglia in prima fila, poteva seguire Don Camillo dall'a alla zeta e, *così ogni tanto, durante la Messa si voltava verso la moglie e le diceva con un sorrisetto: 'Ha tagliato.'*

2. Il Rocchi, infatti, era severissimo nelle questioni di forma: *'L'arciprete di Treville, quando si soffia il naso durante la Messa, non te ne accorgi: questo qui, invece, pare la tromba del Giudizio Universale', aveva osservato più d'una volta.*

F Temi:

1. Vita di paese.

2. La maledicenza è spesso causa d'inutili amarezze.

10. Un romanzo giallo

Situazione relativamente frequente nei gialli, questo romanzo ci presenta una signora cinquantenne che decide di diseredare i parenti per fare testamento in favore dell'amato, giovane e indisponente neo-marito. Se dopo un simile annunzio il coniuge muore, è legittimo dubitare che…Bè, i vostri sospetti dipenderanno dalla proporzionale malizia di cui siete forniti. Avete di che arrovellarvi per cercare di scoprire il colpevole prima che ve lo dica l'autore. Infatti, gli indiziati sono moltissimi. Anzi, per aiutarvi ad afferrare con maggior chiarezza la situazione di parentela di questi 'diseredati' e possibili assassini, vi abbiamo allestito una specie di albero genealogico, in modo che possiate raccapezzarvi nella folla di parenti di casa Gibbs. Coloro che apprezzano il giallo scientifico si leccheranno i baffi; gli altri possono tranquillamente leggere questo giallo che ha requisiti d'azione tali da appagare la loro passione per il movimento. Il rebus non fa una grinza: ma che fosse risolvibile fin dalle prime pagine ve ne accorgerete troppo tardi, per vantarvi d'essere dei segugi.

Giallo Mondadori

A Leggere il brano ad alta voce.

B Esporre il contenuto del brano precedente in non più di cento parole.

C Fornire sinonimi di:

1. nei gialli; 2. indisponente; 3. è legittimo; 4. indiziati; 5. afferrare; 6. assassini; 7. appagare; 8. segugi.

D Spiegare il significato delle seguenti espressioni:

1. diseredare; 2. proporzionale malizia di cui siete forniti; 3. avete di che arrovellarvi; 4. albero genealogico; 5. si leccheranno i baffi.

E Riscrivere le seguenti frasi, sostituendo le parole in corsivo con espressioni analoghe:

1. Anzi, per aiutarvi ad afferrare con maggior chiarezza *la situazione di parentela* di questi 'diseredati' e possibili assassini, vi abbiamo allestito una specie di albero genealogico, *in modo che possiate raccapezzarvi nella folla di parenti di casa Gibbs.*

2. *Il rebus non fa una grinza*: ma che fosse risolvibile fin dalle prime pagine, *ve ne accorgerete troppo tardi per vantarvi d'essere dei segugi.*

F Temi:

1. Fascino ed interesse del romanzo giallo.
2. I lettori dei gialli sono dei criminali in potenza.

11. *I misteri della senescenza*

Vivere a lungo ed in buone condizioni di salute è aspirazione generalmente condivisa da tutti. Eppure ci è del tutto ignoto, o quasi, perché invecchiamo e perché la vita dell'uomo superi solo molto raramente il secolo. Nel corso degli ultimi decenni, un po' dappertutto, ma specialmente nei paesi bianchi, la vita media è andata aumentando rapidamente. Si calcola che all'epoca dei romani la vita media non superasse i trent'anni, mentre oggi la nostra vita media si aggira sui settant'anni; ma ciò non significa che i longevi di oggi siano nettamente più longevi che per il passato. Significa solo che siamo riusciti a controllare molte delle più frequenti cause di morte verificantesi specialmente in giovane età. Ancora fino a pochi anni fa un bimbo alla nascita correva un'alea notevole di soccombere nel corso del primo anno di vita o nell'infanzia, a causa soprattutto di malattie infettive; oggi molte di esse sono state debellate completamente o notevolmente contenute nella loro diffusione. Superati i primi anni, le probabilità di giungere ad età più avanzata vanno aumentando e così si spiega come l'età media dell'uomo moderno sia nettamente maggiore di quella dei nostri antenati ed anche dei nostri nonni o padri.

A. BUZZATI-TRAVERSO

A Leggere il brano ad alta voce.

B Esporre il contenuto del brano precedente in non più di cento parole.

C Fornire sinonimi di:
1. aspirazione; 2. dappertutto; 3. verificantesi; 4. un'alea; 5. soccombere; 6. debellate; 7. vanno aumentando; 8. antenati.

D Spiegare le seguenti espressioni:
1. i paesi bianchi; 2. la vita media si aggira sui settant' anni; 3. longevi; 4. alla nascita; 5. malattie infettive; 6. contenute nella loro diffusione.

E Riscrivere le seguenti frasi, sostituendo le espressioni in corsivo con altre analoghe:
1. Vivere a lungo in buone condizioni di salute *è aspirazione generalmente condivisa da tutti.*

2. Significa solo *che siamo riusciti a controllare molte delle più frequenti cause di morte verificantesi specialmente in giovane età.*

3. Superati i primi anni, *le probabilità di giungere ad età più avanzata vanno aumentando e così si spiega come l'età media dell'uomo moderno sia nettamente maggiore di quella dei nostri antenati ed anche dei nostri nonni o padri.*

F Temi:
1. Il prolungarsi della vita umana ha creato nuovi problemi nella società contemporanea.

2. Discutere e illustrare perché oggi si viva più a lungo d'una volta.

12. *Avventura al mare*

Fu un attimo e in quell'attimo persi la testa: il dolore non cessava, incominciai ad annaspare, il respiro mi mancava, provavo una paura terribile, cacciai un grido e l'acqua mi entrò in bocca. Urlai: 'aiuto' e di nuovo inghiottii acqua. Il crampo intanto continuava e io andai sotto e poi risalii, gridando di nuovo aiuto e andai sotto di nuovo, sempre inghiottendo acqua. Insomma, sarei affogato se, finalmente, una mano non mi avesse afferrato per il braccio, mentre una voce, quella di Ugo, mi diceva: 'Sta' fermo, che ti riporto a riva.' Allora chiusi gli occhi e credo che svenni.

Rinvenni non so quanto tempo dopo e sentii sotto la schiena la rena bollente della spiaggia. Qualcuno, stringendomi per i polsi, mi alzava e mi abbassava le braccia; qualcun altro, accovacciato, mi faceva con le mani dei massaggi al petto e alla pancia. L'aria era piena di un polverone fitto, il sole abbagliava, e intorno a me c'era una foresta di gambe abbronzate e pelose: tutta gente che mi guardava morire. Sentii qualcuno che diceva: 'Per me è andato'; e qualcun altro che osservava: 'Fanno i bravi e poi ecco qua affogano.' Mi sentivo gonfio di acqua e la testa mi pesava e intanto le mie due braccia andavano su e giù come i manichi di un mantice, e allora mi venne una gran rabbia e dissi, cercando di divincolarmi: 'Ma lasciatemi…andate all'inferno', e poi svenni di nuovo.

A. MORAVIA

A Leggere il brano ad alta voce.

B Riassumere in non più di cento parole il brano precedente.

C Fornire sinonimi di:
   1. un attimo; 2. mi mancava; 3. rena; 4. petto; 5. pancia; 6. abbagliava; 7. è andato; 8. i bravi.

D Spiegare le seguenti espressioni:
   1. incominciai ad annaspare; 2. il crampo; 3. accovacciato; 4. una foresta di gambe; 5. un mantice; 6. divincolarmi.

E Riscrivere le seguenti frasi, sostituendo le espressioni in corsivo con altre analoghe, e usando la terza persona e forma indiretta, dove necessario:
   1. Fu un attimo *e in quell'attimo persi la testa.*

   2. Insomma, sarei affogato se, *finalmente, una mano non mi avesse afferrato per il braccio, mentre una voce, quella di Ugo, mi diceva: 'Sta' fermo, che ti riporto a riva.'*

3. Sentii *qualcuno che diceva: 'Per me è andato'; e qualcun altro che osservava: 'Fanno i bravi e poi ecco qua che affogano.'*

F Temi:

1. Gli sport.

2. Il correre dei rischi inutili non è prova di coraggio, ma presunzione.

13. Un marito geloso

PAOLO   Allora...allora è lei il segugio?

TITO   Sì...sono io.

PAOLO   Il signor Trombi le ha spiegato di che si tratta?

TITO   Sì...mi ha accennato...

PAOLO   (*porgendogli una busta*) Ecco...qui c'è l'anticipo per le spese...

TITO   (*intascando la busta*) Grazie!...Io sono a sua disposizione...Allora, mi dica...Come si chiama?

PAOLO   Chi?...Mia moglie?

TITO   No...lei...

PAOLO   Guarnieri...Paolo Guarnieri...

TITO   Professione?

PAOLO   Avvocato...

TITO   Età?

PAOLO   (*con impazienza*) Ma che c'entra l'età?!...Lasci prima che le dica...

TITO   Un momento! Andiamo per ordine, la prego...Età?

PAOLO   (*sbuffando*) Quarantadue...

TITO   Adesso mi dica il nome della signora...

PAOLO   Adriana, nata Morlenghi...

TITO   Età?

PAOLO   Ventisei anni...

TITO   Veri?

PAOLO   Ma sì....veri....veri....

TITO (*dopo aver dato un'occhiata agli appunti*) Sedici anni di differenza! Sono un po' troppi!

PAOLO (*stringendosi nelle spalle seccato*) Beh...che ci posso fare?!

TITO No...dicevo così...questo potrebbe spiegare molte cose...

PAOLO (*con uno scatto rabbioso*) — Che spiegare?! Che spiegare?!...Non spiega niente!...Se non mi lascia parlare...

TITO Parli...parli...Ma mi raccomando...esattezza e precisione...

PAOLO Dunque...le cose sono andate così...Ieri sera io dovevo partire...Invece ho perduto il treno e sono tornato a casa...

TITO Ho capito! È tornato a casa e ha trovato sua moglie in compagnia...

PAOLO Ma niente affatto! Non ha capito niente! L'ho trovata solissima! Era seduta lì...su quella poltrona.

TITO E che faceva?

PAOLO Niente! Teneva gli occhi chiusi, come se dormisse...

TITO Ma allora?...Non capisco...

PAOLO Aspetti! Non ho finito! La stanza era completamente all'oscurro, ma là...sul davanzale della terrazza c'era una lampada accesa...

TITO Ahi...Ahi...

PAOLO (*irritato*) Che c'entra?!...C'è poco da fare ahi... Io non posso formulare nessuna accusa contro mia moglie! ...Anzi...non posso nemmeno lontanamente sospettarla... Ma quella lampada mi ha dato fastidio...

TITO Eh sfido! Le par poco? Una lampada accesa sul davanzale...di notte...col marito partito...Caro avvocato, non vorrei allarmarla, ma se fossi in lei non starei affatto tranquillo!

PAOLO E infatti...per questo ho telefonato...

TITO   Ha fatto bene, ha fatto bene! Può darsi che si tratti di una coincidenza casuale, d'una apparenza senza importanza... Ma è meglio non illudersi... specialmente quando ci sono sedici anni di differenza d'età... Bisogna essere preparati a tutto! Comunque vedremo... Indagheremo... Immagino che lei desideri far sorvegliare sua moglie...

PAOLO   Ecco... appunto... Parto fra poco... dovrò assentarmi per qualche giorno... Vorrei sapere tutto quello che farà e tutte le persone che avrà frequentato durante la mia assenza!

TITO   Benissimo!... Se vuol farmi vedere l'oggetto...

PAOLO   Che oggetto?

TITO   La signora che devo sorvegliare...

PAOLO   Ah... mia moglie?... Eccola (*e gli porge una fotografia chiusa in una cornice d'argento che è posta sulla scrivania*).

A. DE BENEDETTI

A   Leggere il brano ad alta voce.

B   Esporre il contenuto del brano precedente, servendosi della forma indiretta, in non più di duecento parole.

C   Fornire sinonimi di:

1. appunti; 2. seccato; 3. coincidenza; 4. casuale; 5. comunque; 6. sorvegliare; 7. gli porge.

D   Spiegare il significato delle seguenti espressioni:

1. l'anticipo per le spese; 2. ma che c'entra l'età?; 3. avvocato; 4. con uno scatto rabbioso; 5. non posso formulare nessuna accusa; 6. indagheremo.

E   Rispondere alle seguenti domande:

1. Perché Paolo vuol fare sorvegliare sua moglie?

2. Chi è Tito?

3. Quale atteggiamento assume Tito di fronte alla gelosia di Paolo?

F   Temi:

1. La gelosia.

2. Completare a piacimento, la storia di Paolo e sua moglie.

14. L'oroscopo

Il nostro amico e il nostro nemico, il nostro Dio e il nostro demonio, è il futuro. Accetteremmo qualunque tetro e balordo rito per ingraziarcelo, o almeno per conoscerlo. È il solo angolo buio della nostra casa fiammeggiante di neon : un'oscurità fitta, barbara, che ci sgomenta e ci respinge. Più veli cadono, più grandi cose ci si palesano e più questo antico, quasi rozzo enigma, ci sfida e ci angustia.

Abbiamo superato la velocità del suono e magari vinceremo in corsa la luce, ma continueremo ad ignorare ciò che succederà fra un minuto. Interroghiamo il cielo, dunque, con una ingenuità medievale. Né la nostra intelligenza, né la nostra cultura, né i nostri sentimenti religiosi ci dissuadono dal farlo. Giù la maschera, dico io. Non fingetevi scettici. Chi non ha mai consultato 'oroscopi dedotti, con procedimento cosmopsicologico, dalle effemeridi astronomiche quotidiane' scagli la prima pietra.   G. MAROTTA

A Leggere il brano ad alta voce.

B Riassumere il brano precedente in non più di settanta parole.

C Fornire sinonimi di:

1. futuro; 2. buio; 3. barbara; 4. sgomenta; 5. si palesano; 6. enigma; 7. ci dissuadono; 8. scettici.

D Spiegare le seguenti espressioni:

1. tetro e balordo rito; 2. fiammeggiante di neon; 3. più veli cadono; 4. vinceremo in corsa la luce; 5. con ingenuità medievale; 6. giù la maschera; 7. oroscopi; 8. effemeridi astronomiche quotidiane.

E Riscrivere le seguenti frasi, sostituendo le espressioni in corsivo con altre analoghe:

1. *È il solo angolo buio della nostra casa fiammeggiante di neon*: un'oscurità fitta, barbara, che ci sgomenta e ci respinge.

2. *Chi non ha mai consultato 'oroscopi dedotti, con procedimento co-smopsicologico, dalle effemeridi astronomiche quotidiane' scagli la prima pietra.*

F Temi:

1. Discutere ed illustrare se la conoscenza del futuro possa essere di alcun vantaggio all'uomo.

2. Diritti e doveri dell'uomo di scienza nel mondo odierno.

15. *Il figlio della bomba*

L'atleta che ha acceso il fuoco olimpico a Tokio è nato a Hiroshima un'ora dopo l'esplosione dell'atomica: era il primo bambino venuto al mondo nella città ridotta a braciere. Ora studia all'università per capire il perché della guerra e della fame.

'Fra poco avrò vent'anni e dovrò decidere se entrare all'Accademia militare di Boedai o restare all'Università di Waseda. Resterò all'università. Voglio studiare la società dove vivo, trovare una risposta a tante domande che ho dentro di me: voglio capire perché esiste la fame e perché esiste la guerra. La nostra legge non è come quella degli americani, noi possiamo scegliere. E io non farò mai il soldato, non voglio farlo.' Yoshinori Sakai parla gravemente, sembra quasi impossibile che abbia soltanto diciannove anni: ma il suo nome vuol dire Grande Saggezza e Virtù, è un nome che impegna. L'ho visto correre poco fa, allo stadio nazionale portando la fiaccola di Olimpia. C'erano tutte le bandiere del mondo, un uragano di colori, di applausi, di suoni, ora trombe e tamburi come per una parata a New York, ora l'organo e Bach come per Natale di una cattedrale tedesca, ora la lenta mazzata del gong, il sapore dell'Asia e del mistero: tutto era pronto, dopo quattro anni di attesa, non mancava che lui, e Yoshinori correva, la sua corsa era lieve e veloce, armoniosa come quella dei giovani eroi di Omero. In quel momento milioni di uomini guardavano a quella sua immagine, rimbalzata dallo spazio sui televisori di cinque continenti, come al simbolo della forza e della giovinezza, qualche cosa di sovrumano, qualche cosa di eterno.   G. GRAZZINI

A Leggere il brano ad alta voce.

B Esporre il contenuto del brano precedente in non più di centoventi parole.

C Fornire sinonimi di:
1. l'esplosione; 2. fiaccola; 3. lieve; 4. armoniosa; 5. rimbalzata; 6. simbolo; 7. eterno.

D Spiegare il significato delle seguenti espressioni:
1. nella città ridotta a braciere; 2. un uragano di colori, di applausi, di suoni; 3. la lenta mazzata del gong; 4. come quella dei giovani eroi di Omero; 5. rimbalzata dallo spazio sui televisori di cinque continenti.

E Rispondere alle seguenti domande:
1. Chi è Yoshinori Sakai?
2. Perché non vuole fare il servizio militare?
3. Qual'è l'aspetto dello stadio nazionale di Tokio?

F Temi:
1. I giochi olimpici e la bomba atomica, due espressioni contrastanti della civiltà contemporanea.
2. Neutralità e disarmo nel mondo d'oggi.

16. Processo di famiglia

In casa del professor Eugenio Valenti. Una casa borghese. La scena è divisa in due (nel senso della profondità) da una porta vetrata, scorrevole. Davanti è il salotto; più in fondo lo studio del professore. Due porte per ambiente, e una finestra.

Il solito arredamento di una famiglia in cui marito e moglie hanno altri interessi di quelli della casa. (La vicenda ha luogo, oggi, dal pomeriggio alla notte dello stesso giorno.)

Il professore sui cinquant'anni, seduto alla scrivania, lavora fumando il sigaro. Isolina—la moglie—legge in salotto. La radio, tenuta bassa, suona dei ballabili. È una donna che ha appena toccato la quarantina.

EUGENIO *(senza alzare la testa)*...e a te la radio non disturba proprio? Non ti distrae? *(silenzio)* Eh, Isolina?

ISOLINA *(continuando a leggere a mezza voce, un po' ironica)* Tutt'altro. Pare faccia bene, anzi.

EUGENIO A che?

ISOLINA Sensazione complementare: disintossica il subcosciente.

EUGENIO Sì! Le chiacchiere delle riviste americane! Te le raccomando! *(silenzio)* Sarà ch'io non ho abbastanza subcosciente...*(internamente rumore di una porta che si apre e si richiude sbattendo)* Arriva! Arriva...*(guarda l'orologio al polso)* Con quasi due ore di ritardo. E tu continua a far finta di niente! A mandargliele tutte buone!

ISOLINA Ssst! Voglio che lo capisca da solo.

EUGENIO Sì. Aspetta! *(Un silenzio. Si sono rimessi alle loro occupazioni. Poi la porta del salotto si apre ed entra un bambino di sette-otto anni: Abele. Sguscia dentro senza far rumore. È visibilmente accaldato. Tiene un pallone sottobraccio. Si asciuga il sudore. Rimane un istante sulla soglia, poi sempre silenziosamente si dirige verso la finestra. Dal suo posto, il professore lo guarda senza farsi notare. Isolina finge di non averlo sentito, e continua a leggere. Abele è imbarazzato.)*

ISOLINA *(senza alzare gli occhi dal libro, sottovoce, con disinvoltura).* Abele, non si saluta? Ti abbiamo sentito!

ABELE Ho fatto molto tardi, mamma? Che ora è?

ISOLINA *(alza la testa e lo guarda).* Certo che hai fatto tardi.

Ma non è una buona ragione per non salutare. **Vieni qui.**

ABELE   (*mormora*). Buona sera, mamma...(*Va da Isolina e le dà un bacio. Anche lei lo bacia con tenerezza, lo rassetta un po', poi gli indica con gli occhi il professore esortandolo a salutarlo*). Buona sera, papà...

EUGENIO   Ben tornato, giocatore !   D. FABBRI

A   Leggere il brano ad alta voce.

B   Riassumere in forma indiretta il brano precedente in non più di centocinquanta parole.

C   Fornire sinonimi di:

1. ambiente; 2. dei ballabili; 3. tutt'altro; 4. sguscia dentro; 5. si dirige; 6. mormora; 7. con tenerezza.

D   Spiegare le seguenti espressioni:

1. una casa borghese; 2. ha appena toccato la quarantina; 3. disintossica il subcosciente; 4. le chiacchiere delle riviste americane; 5. mandargliele tutte buone; 6. è visibilmente accaldato; 7. lo rassetta un po'.

E   Riscrivere le seguenti frasi in forma indiretta e sostituendo le espressioni in corsivo con parole analoghe:

1. EUGENIO   (senza alzare la testa)...*e a te la radio non disturba proprio? Non ti distrae? (silenzio) Eh, Isolina?*

2. ISOLINA   (*senza alzare gli occhi dal libro, sottovoce, con disinvoltura*) *Abele, non si saluta? Ti abbiamo sentito.*

3. ISOLINA   (alza la testa e lo guarda) *Certo che hai fatto tardi. Ma non è una buona ragione per non salutare. Vieni qui.*

F   Temi:

1. L'indulgenza non è sempre il miglior modo d'educare i figli.
2. L'incomprensione fra figli e genitori è inevitabile.

17. *La Traviata*[1]

Mirella Freni, la giovane soprano che giovedì scorso alla
'Scala'[2] aveva interpretato la tumultuosa prima della
Traviata suscitando applausi appassionati e violenti contrasti,
è stata sostituita. Il suo posto, alla seconda che è andata in scena
ieri sera, è stato preso da un altra cantante famosa, Anna
Moffo, che all'alba di domenica era stata drammaticamente
interpellata dalla direzione del teatro. Se la sentiva di andare in
scena quella sera stessa nella parte di Violetta, sotto la direzione di Von Karajan, senza nessuna preparazione e senza un
affiatamento adeguato?

La Moffo era da tempo lontana dalla 'Scala' essendo in
attrito con la direzione, ma nonostante ciò — o appunto per
questo — ha finito per accettare. Così domenica sera il pubblico
che faceva ressa all'ingresso — ci si attendeva una seconda
anche più drammatica e contrastata della prima di giovedì
scorso — si è trovato di fronte ai tradizionali striscioni che
annunziavano la sostituzione della protagonista 'per constatata indisposizione'. Secondo la versione ufficiale si trattava
di una crisi nervosa che aveva prostrato la giovane cantante
riducendola in condizioni tali da non poter assolutamente
affrontare il palcoscenico.

Questa tesi non ha convinto troppo i sostenitori della
Freni, che ricordavano la spavalderia con cui giovedì scorso la
cantante modenese aveva saputo far fronte alle manifestazioni
di dissenso. Possibile che un temperamento che aveva retto in
circostanze tanto drammatiche si fosse afflosciato all'improvviso? E poi, a rendere poco attendibile la versione della malat-
tia, c'erano il nome e la fama della sostituta, Anna Moffo.

---

[1] Opera lirica di Giuseppe Verdi.
[2] Teatro dell'opera di Milano.

Di solito, quando una protagonista viene colpita da malessere, la 'Scala' non la sostituisce: preferisce rimandare la serata in attesa della guarigione. Il fatto che la direzione del teatro non solo si fosse decisa alla sostituzione, ma avesse convocato una artista di grido che evidentemente non si sarebbe adattata al ruolo di tappabuchi, induceva a pensare a una soluzione definitiva, irrevocabile.
G. TUMIATI

A Leggere il brano ad alta voce.

B Esporre il contenuto del brano in non più di cento parole.

C Fornire i sinonimi di:

1. se la sentiva; 2. essendo in attrito; 3. appunto per questo; 4. aveva prostrato; 5. si fosse afflosciato; 6. attendibile; 7. rimandare; 8. una artista di grido.

D Spiegare le seguenti espressioni:

1. la tumultuosa prima della Traviata; 2. senza un affiatamento adeguato; 3. che faceva ressa all'ingresso; 4. ai tradizionali striscioni; 5. un temperamento che aveva retto in circostanze tanto drammatiche; 6. non si sarebbe adattata al ruolo di tappabuchi.

E Riscrivere le seguenti frasi, sostituendo le parole in corsivo con espressioni analoghe:

1. Il suo posto, alla seconda che è andata in scena ieri sera, è stato preso da un'altra cantante famosa, Anna Moffo, *che all'alba di domenica era stata drammaticamente interpellata dalla direzione del teatro.*

2. Così domenica sera *il pubblico che faceva ressa all'ingresso—ci si attendeva una seconda anche più drammatica e contrastata della prima di giovedì scorso—si è trovato di fronte ai tradizionali striscioni,* che annunziavano la sostituzione della protagonista per 'constatata indisposizione'.

3. Questa tesi non ha convinto troppo i sostenitori della Freni, *che ricordavano la spavalderia con cui giovedì scorso la cantante modenese aveva saputo far fronte alle manifestazioni di dissenso.*

F Temi:

1. L'opera come forma d'arte.
2. L'artista e il pubblico.

18. L'onorevole sarto

Il marchese fiorentino che scendeva a rotta di collo sulle piste
nevose di St Moritz, nell'ormai lontanissimo inverno del
1947, non sapeva ancora, anzi era ben lontano dall'immaginare
che sarebbe diventato uno dei massimi 'creatori di moda'
del nostro tempo grazie alla sua passione per lo sci. Ma la
moda femminile era là, in agguato, proprio a metà dell'ultima
vertiginosa discesa di una intensa giornata sportiva.

Emilio Pucci di Barsento sfrecciò accanto ad una ragazza
in lacrime, ferma in mezzo alla pista e apparentemente incapace di proseguire. Con una perfetta giravolta le fu accanto per
soccorrerla, e vide che era bella; bella, ma sepolta sotto un
abbigliamento mostruoso che le impediva persino i movimenti. Il marchese Pucci provò quello che dovette provare
Tancredi[1] di fronte a Clorinda[2] racchiusa nell'armatura di
ferro; e siccome in lui rivive lo spirito degli antichi cavalieri
(non per niente i primi nobili de' Pucci furono crociati), dopo
aver aiutato la sventurata a ridiscendere a valle si sentì investito di una missione: liberare quella creatura dalla causa
della sua infelicità. Il giorno seguente si presentò a lei, che era
inglese, con dei fogli su cui aveva disegnato un pantalone, un
maglione ed altri indumenti da neve. 'Si vesta così', le impose.

La ragazza riuscì ad accontentare il suo Pigmalione in pochi
giorni. E quando uscì per la prima volta indossando il suo
nuovo costume, si udì il click di una macchina fotografica:
era Toni Frissel, giornalista e fotografa della rivista americana

---

[1] Tancredi d'Altavilla, principe normanno partecipò alla prima crociata. Tasso
ne fece un personaggio della *Gerusalemme Liberata*.
[2] Clorinda eroina della *Gerusalemme Liberata*, che combatté nelle file mus-
sulmane. Allusione all'episodio in cui Tancredi vede per la prima volta
Clorinda vestita da soldato e se ne innamora.

di moda *Harper's Bazaar*, che aveva fatto il suo 'colpo'. E grazie a Toni Frissel molti americani appresero qualche tempo dopo che in Europa un autentico 'florentine marquis' stava rivoluzionando la moda invernale femminile. Emilio Pucci si divertì moltissimo e stette allo scherzo. Per scherzo disegnò altri indumenti e diede gli schizzi a Toni Frissel; poi, terminato il soggiorno in montagna, se ne tornò a Firenze, ancora ignaro del suo destino.

Qualche mese dopo il postino gli consegnò una lettera imbucata a New York: era una casa di confezioni americana che gli 'piazzava' una commissione, voleva cioè da lui una serie di capi d'abbigliamento bell'e pronti per tentare il lancio negli Stati Uniti. Emilio Pucci, colto completamente di sorpresa o piuttosto imbarazzato per essere stato promosso couturier senza che avesse mai usato ago, forbice e filo per fini costruttivi, si prese del tempo per riflettere.

P. ZULLINO

A Leggere il brano ad alta voce.

B Riassumere il brano precedente in non più di centocinquanta parole.

C Fornire sinonimi di:

1. non sapeva; 2. la sventurata; 3. le impose; 4. appresero; 5. terminato; 6. il postino; 7. piazzava; 8. di sorpresa.

D Spiegare il significato delle seguenti espressioni:

1. scendeva a rotta di collo; 2. creatori di moda; 3. con una perfetta giravolta; 4. sepolta sotto un abbigliamento mostruoso; 5. riuscì ad accontentare il suo Pigmalione; 6. aveva fatto il suo colpo; 7. stette allo scherzo; 8. per fini costruttivi.

E Riscrivere le seguenti frasi, sostituendo le espressioni in corsivo con altre analoghe:

1. Il marchese Pucci *provò quello che dovette provare Tancredi di fronte a Clorinda racchiusa nell'armatura di ferro; e siccome in lui rivive lo spirito degli antichi cavalieri (non per niente i primi nobili de' Pucci furono crociati), dopo aver aiutato la sventurata a ridiscendere a valle si sentì investito di una missione: liberare quella creatura dalla causa della sua infelicità.*

32

2. Qualche mese dopo *il postino gli consegnò una lettera imbucata a New York: era una casa di confezioni americana che gli 'piazzava' una commissione, voleva cioè da lui una serie di capi d'abbigliamento bell'e pronti* per tentare il lancio negli Stati Uniti.

F Temi:

1. Popolarità della moda italiana in Inghilterra.
2. Nella moda si riflette il gusto e la vita di un'epoca.

19. I paladini

Sotto le rosse mura di Parigi era schierato l'esercito di Francia. Carlomagno doveva passare in rivista i paladini. Già da più di tre ore erano lì; faceva caldo; era un pomeriggio di prima estate, un po' coperto nuvoloso: nelle armature si bolliva come in pentole tenute a fuoco lento. Non è detto che qualcuno in quell'immobile fila di cavalieri già non avesse perso i sensi o non si fosse assopito, ma l'armatura li reggeva impettiti in sella tutti a un modo. D'un tratto, tre squilli di tromba: le piume dei cimieri sussultarono nell'aria ferma come a uno sbuffo di vento, e tacque subito quella specie di mugghio marino che s'era sentito fin qui, ed era, si vede, un russare di guerrieri incupito dalle gole metalliche degli elmi. Finalmente ecco, lo scorsero che avanzava laggiù in fondo, Carlomagno, su un cavallo che pareva più grande del naturale, con la barba sul petto, le mani sul pomo della sella. Regna e guerreggia, guerreggia e regna dai e dai, pareva un po' invecchiato, dall'ultima volta che l'avevano visto quei guerrieri.

Fermava il cavallo a ogni ufficiale e si voltava a guardarlo dal su in giù. — E voi chi siete paladino di Francia?

— Salomon di Bretagna, sire — rispondeva quello a tutta voce, alzando la celata e scoprendo il viso accalorato; e aggiungeva qualche notizia pratica come sarebbe — Cinquemila cavalieri, tre...   I. CALVINO

33

A Leggere il brano ad alta voce.

B Riassumere il brano precedente in non più di novanta parole.

C Fornire sinonimi di:

1. l'esercito; 2. armature; 3. avesse perso i sensi; 4. si fosse assopito; 5. impettiti; 6. sbuffo di vento; 7. scorsero; 8. sire.

D Spiegare le seguenti espressioni:

1. i paladini; 2. di prima estate; 3. quella specie di mugghio marino; 4. che pareva più grande del naturale; 5. dài e dài; 6. alzando la celata.

E Riscrivere le seguenti frasi, sostituendo le espressioni in corsivo con altre analoghe:

1. Già da più di tre ore erano lì; faceva caldo; era un pomeriggio di prima estate, *un po' coperto nuvoloso*: nelle armature *si bolliva come in pentole tenute a fuoco lento.*

2. *Regna e guerreggia, guerreggia e regna dài e dài*, pareva un po' invecchiato, *dall'ultima volta che l'avevano visto quei guerrieri.*

3. —*Salomon di Bretagna, sire*—rispondeva quello a tutta voce, alzando la celata e scoprendo il viso accalorato; *e aggiungeva qualche notizia pratica come sarebbe*—Cinquemila cavalieri, tre...

F Temi:

1. Le leggende cavalleresche.
2. La monarchia è un sistema di governo superato.

PART II

20. La vecchia stampa

La fiera del lunedì riempiva piazza del Carmine di tende, baracche, bilance, panchette, ceste, sacchi. A sud si vendevano 'oggetti fini'; a nord si vendevano vettovaglie. Le panchette, uscite alla luce del sole da sgabuzzini umidi e tenebrosi, avevano il colore delle viti che hanno perduto le foglie e sopportano la prima neve; le tende, affumicate e peste, sembravano addirittura nere intorno agli strappi che il cielo turchino dipingeva di sé.

Il pretore si fermò vicino a una tenda, la cui ombra azzurra, tremolando ai soffi del vento, si posava come un sorriso sulle facce di mille statuette. Secondo il gonfiarsi e sgonfiarsi della tenda, ora sorridevano le Sante Rite di terracotta dipinta, ora le tre Grazie di polvere di marmo, ora Amore e Psiche. Nell'interno di alcune conchiglie, la minutissima scena della Natività, mostrava al fulgore di un raggio, un numero infinito di particolari.

'Quanto costa?', disse il pretore, accennando con la mano, dall'interno dei pantaloni, una conchiglia costellata di margherite.

'Questa qui', rispose il vecchio, togliendo la conchiglia e scoprendo i piedi di una vecchia stampa, 'eh, mio signore, questa qui è una cosa rara!'

'Vediamo un po',' fece il pretore, indicando, col mento, il luogo da cui era stata tolta la conchiglia.

'Che cosa volete vedere?', domandò il vecchio, perplesso.

'Quell'altra cosa lì!', e il pretore alzò la punta del ginocchio per indicare la stampa. Ma si perdette gran tempo prima che i due si intendessero, perché il pretore non volle mai cavare le mani di tasca.   V. BRANCATI

36

A Leggere il brano ad alta voce.

B Riassumere il brano precedente in non più di centodieci parole.

C Fornire sinonimi di:

1. finì; 2. vettovaglie; 3. si fermò; 4. nell'interno; 5. rispose;
6. perplesso; 7. alzò; 8. cavare.

D Spiegare le seguenti espressioni:

1. la fiera del lunedì; 2. sgabuzzini; 3. le Sante Rite di terracotta
dipinta; 4. costellata di margherite; 5. scoprendo i piedi di una
vecchia stampa; 6. prima che i due si intendessero.

E Riscrivere le seguenti frasi, sostituendo le espressioni in corsivo
con altre analoghe, e usando la forma indiretta:

1. Le panchette, *uscite alla luce del sole da sgabuzzini umidi e tenebrosi*,
avevano il colore delle viti *che hanno perduto le foglie e sopportano la
prima neve.*

2. '*Quanto costa?*', *disse il pretore, accennando con la mano, dall'interno
dei pantaloni*, una conchiglia costellata di margherite.

3. '*Che cosa volete vedere?*', *domandò il vecchio, perplesso.*

F Temi:

1. Descrivere un giorno di mercato nella vostra città.
2. La pubblicità è l'anima del commercio.

21. Zeno

ADA Non capisco come si possa passare dagli studi giuridici a
quelli scientifici.

AUGUSTA E viceversa.

ZENO Signorine mie, perché mai rinchiudersi in una facoltà
quando il mondo del sapere è così grande?

ALBERTA Scommetto che lei abbandonava ogni facoltà al
momento degli esami.

ZENO Brava, ha indovinato.

ADA Scansare gli esami è un sistema che non porta lontano.

37

ZENO   No, ma evita certi batticuori...(*Ridono tutti tranne la piccola Anna*).

ALBERTA   Io non so come andrò all'università, ma il ginnasio mi sembra già abbastanza difficile. Il latino non lo digerisco.

ZENO   Il latino è proprio una lingua che non fa per le donne. Anzi io penso che anche fra gli antichi romani le donne parlassero già in italiano.

ADA   In Inghilterra molte ragazze conoscono il latino alla perfezione. Quando non ci intendevamo, con il mio scarso inglese, passavamo al latino.

ZENO   Lei conosce l'Inghilterra, signorina Ada?

ADA   Ci sono stata con papà. È un paese straordinario.

AUGUSTA   Ada ha una grande ammirazione per le donne inglesi.

ZENO   Davvero? Io ho trascorso alcuni mesi in Inghilterra per studiare il commercio, ma non posso dire niente perché non ho conosciuto nessun inglese della buona società.

SIGNORA MALFENTI   E come mai?

ZENO   Ho smarrito in viaggio tutte le lettere di presentazione che mi avevano fatto gli amici di affari di mio padre.

AUGUSTA   E lo studio del commercio?

ZENO   Nel commercio inglese non mi sono mai imbattuto. Pare si faccia in luoghi reconditi. (*Nuove risate*) Però, a dire la verità, sono certo che i figli di Albione detestano tutti coloro che non sono inglesi. Ho avuto l'impressione di vivere fra nemici.

ADA   Non le sembra di esagerare?

ZENO   Nemmeno per sogno. Sa come ho deciso di porre fine al mio soggiorno londinese? Ero andato da un libraio a cercare un vocabolario. Sul banco del negozio riposava un magnifico gatto d'angora, che proprio attirava le carezze. Ebbene, solo perché l'accarezzai dolcemente mi assalì come una furia e mi graffiò la mano. Da quel momento non riuscii a sopportare più l'Inghilterra e il giorno dopo mi trovavo a Parigi.

ADA Ma come? Fu il libraio ad offenderla o il gatto?

ZENO Il gatto, il gatto.

ADA E il gatto per lei rappresentò l'intero popolo inglese?

ZENO Un gatto nostrano non sarebbe mai stato capace di una simile azione.

ADA Ma può capitare a chiunque, in qualsiasi paese, di venire graffiato da un gatto.

ZENO No, no. Anche il libraio lo riconobbe. Il gatto con tutti gli altri si comportava bene. Graffiò me perché ero io o forse perché ero italiano.   I. SVEVO

A Leggere il brano ad alta voce.

B Riassumere il brano in non più di centottanta parole, usando la forma indiretta.

C Fornire sinonimi di:

1. abbandonava; 2. scansare; 3. batticuori; 4. ho smarrito; 5. reconditi; 6. lo riconobbe; 7. il gatto.

D Spiegare le seguenti espressioni:

1. il latino non lo digerisco; 2. con il mio scarso inglese; 3. passavamo al latino; 4. la buona società; 5. i figli di Albione detestano tutti coloro che non sono inglesi; 6. un libraio; 7. un gatto nostrano; 8. il gatto con tutti gli altri si comportava bene.

E Rispondere alle seguenti domande:

1. Perché Zeno aveva più volte cambiato facoltà?

2. Perché Zeno aveva avuto l'impressione di vivere fra nemici in Inghilterra?

3. Che cosa pensava Ada dell'Inghilterra?

F Temi:

1. Il sistema universitario inglese.

2. Spesso pregiudizi sono alla base di un eccessivo nazionalismo.

22. Il riccio

Il riccio infatti è un animale d'ingegno corto.

Sotto la grande quercia della Val Mala, fra le radici, vive tutto un popolo strano: formiche brune, ricci, lumache, una faina. Si lavora continuamente giorno e notte. Anche le lumachine che si rammaricano di non potersi arrampicare sui gambi di rose. Appena è il mattino le formiche in due lunghe file contrarie portano a casina ogni ben di Dio. Queste vanno sempre d'accordo e s'aiutano l'una con l'altra. Il grande Platone,[1] sdraiato in terra, ha imparato da loro la sua Repubblica.[2] Ogni tanto la riccia torna a casa con un gran fascio di foglie sopra la schiena. È andata a rotolarsi sotto i castagni e tante foglie le si sono infilzate sul dorso, tante ne porta a casa. È stata su come il solito tutta la notte ed ha ancora molto da fare, perché questo è l'ultimo giorno e deve preparare il letto per il gran sonno invernale. Il piccino suo, seduto sopra una radica di quercia, la guarda tutto contento. È simile a un minuscolo porcellino da latte, più ignorante di una talpa, e non sa niente, non capisce niente.

'Vammi a prendere le ulive laggiù sotto gli alberi storti.'

Il piccolo spicca un salto e parte.

'Stai attento alle automobili quando attraversi la strada e bada alle biciclette: ieri ne hai bucata una.'

La Madre tira via di sotto le foglie un passero morto e prende a spennarlo. Sente un'occhiata alle spalle. Si volta e vede il figlio suo ancora lì che la guarda: ha già dimenticato l'incombenza.

'T'ho detto di andarmi a prendere le ulive.'

F. TOMBARI

[1] Filosofo Greco del IV secolo.
[2] Opera di Platone che tratta il governo dello stato.

A Leggere il brano ad alta voce.

B Riassumere il brano precedente in non più di cento parole.

C Fornire sinonimi di:

1. d'ingegno corto; 2. sdraiato; 3. la schiena; 4. è simile; 5. automobili; 6. l'incombenza.

D Spiegare le seguenti espressioni:

1. ogni ben di Dio; 2. ha imparato da loro la sua Repubblica; 3. è stata su come il solito tutta la notte; 4. il gran sonno invernale; 5. ieri ne hai bucata una; 6. prende a spennarlo; 7. sente un'occhiata alle spalle.

E Riscrivere le seguenti frasi sostituendo le espressioni in corsivo con parole analoghe:

1. È andata a rotolarsi sotto i castagni e *tante foglie le si sono infilzate sul dorso, tante ne porta a casa.*

2. Il piccino suo, *seduto sopra una radica di quercia, la guarda tutto contento.*

F Temi:

1. La vita degli animali è regolata dall'istinto, quella dell'uomo dalla ragione.

2. Il mio animale preferito.

23. *Il telefono visivo*

Sta per aver inizio l'era della tranquillità per gli abbonati del telefono in Francia, con i nuovi apparecchi che, dal mese di gennaio, saranno posti a disposizione degli utenti. Per il momento l'innovazione riguarderà soltanto la città di Parigi, che da sola ha un numero di apparecchi telefonici veramente rilevante, e poi si estenderà gradatamente anche alle altre regioni della Francia. I nuovi telefoni che verranno posti a disposizione dei clienti sono stati battezzati 'son ou lumière' sulla falsariga dei celebri spettacoli che tanto hanno attirato lo interesse del pubblico francese e dei turisti stranieri; soltanto che l'uso della congiunzione *ou* in luogo di *et* sta a significare in che consiste la differenza.

Sovente il trillo della suoneria telefonica costituisce un vero tormento, tanto più per chi, avendo i nervi provati da una intensa giornata di lavoro, è troppo bruscamente distratto dai suoi pensieri. Al fine di evitare noie agli abbonati, in Italia già da tempo sono stati posti in esercizio dei telefoni con un dispositivo particolare che consente di graduare l'intensità del suono; in Francia soltanto alla fine del 1965 verrà posto in distribuzione un apparecchio di forma più moderna che sarà fornito del regolatore di intensità. Per questo aspetto il servizio telefonico francese è in ritardo; si sta però rifacendo la buona fama con l'applicare primo nel mondo i due richiami: quello sonoro e quello luminoso.

Il nuovo modello come forma è praticamente identico a quelli attualmente in dotazione, senonché è fornito di due bottoni supplementari e di una lampada. In tal modo l'utente ha la possibilità di scelta: se preme il bottone di destra mette in azione la suoneria, se invece fa scattare il bottone di sinistra accende il segnalatore luminoso. La piccola lampada scintillerà con il medesimo ritmo della suoneria ed indicherà all'abbonato che è chiamato.   *La Stampa Sera*

A Leggere il brano ad alta voce.

B Esporre il contenuto del brano precedente in non più di centoventi parole.

C Fornire sinonimi di:

1. l'era; 2. utenti; 3. trillo; 4. tormento; 5. in esercizio; 6. in tal modo; 7. preme.

D Spiegare il significato delle seguenti espressioni:

1. sulla falsariga; 2. i nervi provati da una intensa giornata di lavoro; 3. evitare noie agli abbonati; 4. un dispositivo; 5. regolatore d'intensità; 6. quelli attualmente in dotazione; 7. mette in azione la suoneria.

E Riscrivere le seguenti frasi, sostituendo le espressioni in corsivo con altre analoghe:

1. *Sta per aver inizio l'era della tranquillità per gli abbonati del telefono in Francia, con i nuovi apparecchi* che, dal mese di gennaio, saranno posti a disposizione degli utenti.

2. La piccola lampada *scintillerà con il medesimo ritmo della suoneria ed indicherà all'abbonato che è chiamato.*

F Temi:

1. Dite quali mutamenti ha apportato la scoperta del telefono.

2. Dite quale fra le scoperte degli ultimi cent'anni ha, secondo voi, maggiormente influito sulla nostra vita.

24. La 'Britannica' in Italia

Anche fra pari, non ci s'interpella per nome, ma per titolo, e senza abbreviazioni: 'Signor editore generale', 'Signor segretario permanente', 'Signor direttore onorario', 'Signor professore e presidente', 'Signor decano emerito' eccetera.

È l'austero e contegnoso volto di questi signori che lo acquirente inglese deve intravedere sulla copertina dei trenta volumi, quando li compra e li dispone nei suoi scaffali. L'acquirente italiano, no. Ai suoi occhi la *Britannica* ha tutt'altri connotati: quelli di una ragazza energica, attiva, aggressiva, spicciativa, che ti telefona senza conoscerti, ti chiede, anzi t'impone un appuntamento, ti s'installa in casa o in ufficio, e non ti libera della sua presenza prima di averti convinto con ogni sorta di argomenti, fra cui ce ne sono anche di culturali, a abbonarti e a pagare la prima rata.

Qui a Roma ce n'è un battaglione, e ci si domanda come abbiamo fatto a selezionarne tante che siano così gradevoli da guardare, così piacevoli da ascoltare anche in due o tre lingue, così provocanti eppure — intendiamoci — corrette, così suasive e insieme perentorie, così ben indottrinate, perché a sentirle si direbbe che hanno mandato tutta la *Britannica* a memoria, e soprattutto così militarmente inquadrate.

Agiscono infatti per *commandos*, con una tecnica da sbarco in Normandia. Si presentano a coppia, una di 'punta', una di 'spalla'. E un'incursione segue l'altra, ininterrottamente. L'aggredito non fa in tempo a riprendersi dalla prima che già deve fronteggiare la seconda, la terza, la quarta. E magari ci riuscirebbe se a un certo punto non si accorgesse di essere insidiato alle terga e alle spalle dall'opera corrosiva e de-moralizzante di una 'quinta colonna', che rappresenta il capolavoro di questa organizzazione.   I. MONTANELLI

A Leggere il brano ad alta voce.

B Riassumere il brano precedente in non più di centoventi parole.

C Fornire sinonimi di:

1. ci si interpella; 2. austero; 3. acquirente; 4. dispone; 5. con-notati; 6. s'installa; 7. battaglione.

D Spiegare le seguenti espressioni:

1. fra pari; 2. spicciativa; 3. intendiamoci; 4. così suasive e insieme perentorie; 5. militarmente inquadrate; 6. una di punta e una di spalla; 7. alle terga e alle spalle; 8. quinta colonna.

E Riscrivere le seguenti frasi, sostituendo le espressioni in corsivo con altre analoghe:

1. *Ai suoi occhi la Britannica ha tutt'altri connotati: quelli di una ragazza energica, attiva, aggressiva, spicciativa, che ti telefona senza conoscerti, ti chiede, anzi t'impone un appuntamento, ti s'installa in casa o in ufficio e non ti libera della sua presenza* prima di averti convinto con ogni sorta di argomenti, fra cui ce ne sono anche di culturali, a abbonarti e a pagare la prima rata.

2. Agiscono infatti *per commandos, con una tecnica da sbarco in Normandia.*

3. E magari ci riuscirebbe *se a un certo punto non si accorgesse di essere insidiato alle terga e alle spalle dall'opera corrosiva e demoralizzante*

di una 'quinta colonna', che rappresenta il capolavoro di questa organizzazione.

F Temi:

1. L'Enciclopedia: suo carattere ed uso.
2. Fascino femminile ed emancipazione della donna.

25. *L'influsso della luna*

Numerose e talvolta assai curiose sono le credenze relative agli effetti della luna sul fisico e sulla psiche dell'uomo. Specialmente il novilunio, e anzi il preciso momento della apparizione della luna nuova, è considerato come propizio per la guarigione di molti mali: in taluni casi si riesce a riconoscere il solito principio della magia simpatica. Ad esempio, in Friuli, chi voglia far sparire dal viso le voglie di vino, di caffelatte, le lentiggini eccetera, deve guardar fissa per un intero mese la luna facendo il gesto di pulirsi quelle macchie: al sorgere della luna nuova esse saranno sparite. Quanto ai fatti psichici poi, si crede che a dormire col capo esposto ai raggi lunari ci sia pericolo di diventare sonnambuli o matti. Il novilunio invece è in genere considerato nocivo alle piante e perciò semine, potature, innesti vanno fatti al calar della luna.

Quanto al valore scientifico di queste credenze, ci si può riferire a quella constatazione che abbiamo avuto occasione di fare altre volte. E cioè: il popolo ha intuito che la luna esercita una certa azione, specialmente sulle piante. Ma poi l'errore consiste nell'applicazione spesso arbitraria e troppo estensiva di questo principio di verità.   P. TOSCHI

A   Leggere il brano ad alta voce.
B   Riassumere il brano precedente in non più di novanta parole.
C   Fornire sinonimi di:

1. curiose; 2. credenze; 3. propizio; 4. taluni; 5. lentiggini; 6. nocivo; 7. constatazione; 8. l'errore.

D Spiegare le seguenti espressioni:

1. relative agli effetti della luna sul fisico e sulla psiche dell'uomo; 2. novilunio; 3. magia simpatica; 4. sonnambuli; 5. potature; 6. innesti; 7. arbitraria.

E Riscrivere le seguenti frasi, sostituendo le espressioni in corsivo con altre analoghe:

1. Specialmente il novilunio, e anzi il preciso momento dell'apparizione della luna nuova, *è considerato come propizio per la guarigione di molti mali.*

2. Ad esempio, in Friuli, *chi voglia far sparire dal viso le voglie di vino, di caffelatte, le lentiggini eccetera, deve guardar fissa per un intero mese la luna facendo il gesto di pulirsi quelle macchie*: al sorgere della luna nuova esse saranno sparite.

3. *Quanto al valore scientifico di queste credenze, ci si può riferire a quella constatazione che abbiamo avuto occasione di fare altre volte.*

F Temi:

1. La superstizione nel mondo moderno.

2. Discutere l'asserzione che l'errore di alcune credenze popolari, 'consiste nell'applicazione spesso arbitraria e troppo estensiva di un principio di verità'.

26. I monachicchi

I monachicchi sono gli spiriti dei bambini morti senza battesimo: ce ne sono moltissimi qui, dove i contadini tardano spesso molti anni a battezzare i propri figli. Quando mi chiamavano a curare qualche ragazzo, magari di dieci o dodici anni, la prima domanda della madre era: — C'è pericolo che muoia? Perchè allora chiamerò subito il prete per battezzarlo. Non s'è ancora fatto finora: ma se dovesse morire, non sia mai —. I monachicchi sono esseri piccolissimi, allegri, aerei:

corrono veloci qua e là, e il loro maggior piacere è di fare ai cristiani ogni sorta di dispetti. Fanno il solletico sotto i piedi agli uomini addormentati, tirano via le lenzuola dai letti, buttano sabbia negli occhi, rovesciano bicchieri pieni di vino, si nascondono nelle correnti d'aria e fanno volare le carte, e cadere i panni stesi in modo che si insudicino, tolgono la sedia di sotto alle donne sedute, nascondono gli oggetti nei luoghi più impensati, fanno cagliare il latte, danno pizzicotti, tirano i capelli, pungono e fischiano come zanzare. Ma sono innocenti; i loro malanni non sono mai seri, hanno sempre l'aspetto di un gioco, e, per quanto fastidiosi, non ne nasce mai nulla di grave. Il loro carattere è una saltellante e giocosa bizzarria e sono quasi inafferrabili. Portano in capo un cappuccio rosso, più grande di loro: e guai se lo perdono: tutta la loro allegria sparisce ed essi non cessano di piangere e di desolarsi finché non l'abbiano ritrovato. Il solo modo di difendersi dai loro scherzi è appunto di afferrarli per il cappuccio: se tu riesci a prenderlo il povero monachicchio scappucciato ti si butterà ai piedi, in lacrime, scongiurandoti di restituirglielo.

C. LEVI

A Leggere il brano ad alta voce.

B Esporre il contenuto del brano precedente in non più di cento parole.

C Fornire sinonimi di:

1. spiriti; 2. contadini; 3. magari; 4. aerei; 5. ogni sorta; 6. si insudicino; 7. cagliare; 8. malanni; 9. fastidiosi.

D Spiegare il significato delle seguenti espressioni:

1. battesimo; 2. i panni stesi; 3. nei luoghi più impensati; 4. ma sono innocenti; 5. saltellante e giocosa bizzarria; 6. scappucciato.

E Riscrivere le seguenti frasi, sostituendo le espressioni in corsivo con altre analoghe:

1. I monachicchi sono gli spiriti dei bambini morti senza battesimo: *ce ne sono moltissimi qui, dove i contadini tardano spesso molti anni a battezzare i propri figli.*

2. Ma sono innocenti; *i loro malanni non sono mai seri, hanno sempre l'aspetto di un gioco, e, per quanto fastidiosi, non ne nasce mai nulla di grave.*

3. Portano in capo un cappuccio rosso, più grande di loro: *e guai se lo perdono.*

F Temi:

1. Il problema del Sud in Italia.
2. Vantaggi e svantaggi della vita di campagna.

27. *Ilaria del Carretto*[1]

Tutte le volte che vado a Lucca la mia prima ed unica visita è ad Ilaria dei Marchesi di Savona e Clavesana, addormentata sul suo giaciglio di marmo nella Cattedrale.

Premetto che non raccolgo materiali per nessuno studio su quel pacioso tiranno di terra mercantile che fu Paolo Guinigi[2] o sulle quattro mogli che gli morirono di parto, seconda delle quattro la figlia per appunto di Carlo del Carretto; e che neanche ho sul telaio una monografia sulla dimora e l'opera in Lucca del picchiapietre senese Jacopo della Quercia.[3]

Io sono solamente e semplicemente un poco innamorato di Madonna Ilaria.

Una figura a grandezza del vero ha qualcosa in sé di particolarmente familiare e commovente che le figure maggiori o minori non sanno avere. Si vede che l'uomo ha un connaturale amore per la propria statura. La passione di Baudelaire[4] per la Gigantessa è una anomalia del repertorio romantico.

Prova ne sia che in un grande salone, con grandi finestroni, in fondo un gran caminone, le pareti compartite da cariatidi

[1] Di nobile famiglia, seconda moglie di Paolo Guinigi, morta nel 1405.
[2] Signore di Lucca dal 1400 al 1430.
[3] Scultore senese (1378-1437), autore della tomba di Ilaria del Carretto.
[4] Poeta francese del secolo XIX.

che arrivano al soffitto, il soffitto popolato di giganti, l'occhio ritrova sempre con vero conforto di amicizia una porticina d'angolo fatta su misura per entrare e uscire senza farsene accorgere. E questa è per me una delle prime ragioni di grazia del mio amore. La lunghezza d'Ilaria è di sette palmi, l'altezza da terra dell'arca sulla quale riposa è giusto quella d'un letto un poco alto, la sbarra che la circonda non impedisce a una mano di toccarle la fronte, i capelli, e di tastarle il polso. E difatti presso di lei si sta come presso il letto d'una bella donna colta da improvviso languore. 'Ora le passa e fra poco apre gli occhi...'   A. BALDINI

A Leggere il brano ad alta voce.

B Riassumere il brano precedente in non più di cento parole.

C Fornire sinonimi di:

1. pacioso; 2. tiranno; 3. dimora; 4. connaturale; 5. anomalia; 6. compartite; 7. arca.

D Spiegare le seguenti espressioni:

1. tiranno di terra mercantile; 2. neanche ho sul telaio una monografia; 3. picchiapietre senese Jacopo della Quercia; 4. cariatidi; 5. una bella donna colta da improvviso languore; 6. ora le passa.

E Riscrivere le seguenti frasi, sostituendo le espressioni in corsivo con altre analoghe:

1. Tutte le volte che vado a Lucca *la mia prima e unica visita è ad Ilaria dei Marchesi di Savona e Clavesana, addormentata sul suo giaciglio di marmo.*

2. *Prova ne sia che* in un grande salone, con grandi finestroni, in fondo un gran caminone, le pareti compartite da cariatidi che arrivano al soffitto, il soffitto popolato di giganti, *l'occhio ritrova sempre con vero conforto di amicizia una porticina d'angolo fatta su misura per entrare ed uscire senza farsene accorgere.*

F Temi:

1. L'arte figurativa che s'ispira al vero è superiore all'arte astratta.

2. Illustrare e discutere quanto l'autore asserisce quando dice che 'l'uomo ha un connaturale amore per la propria statura', con riferimento al brano precedente.

28. Ieri e oggi

La prima cosa che colpisce, per esempio, chi osserva con un po' di esperienza del passato è il mutamento subentrato in questo dopoguerra nei rapporti sociali fra gli italiani delle varie classi e dei vari ceti. Certamente vi sono ancora delle tenute e dei poderi, soprattutto nel Mezzogiorno, in cui 'fattori' e 'campieri' trattano i braccianti in modo e con tono arrogante; e ci sono fabbriche in cui 'marcatempo' e 'capire-parto' ci tengono a far sentire che sono persone importanti; e ci sono uffici — soprattutto uffici — i cui direttori hanno abitudini e comportamenti da Pascià con gli impiegati, e in cui gli impiegati si sfogano e si vendicano delle 'partacce' avute dal superiore sbattendo troppo di scatto lo sportello in faccia ai poveri diavoli che aspettano il loro turno. Ma nel complesso è sicuro che non si vedono più certe grinte da bull-dogs e certi sguardi da cani 'barboni' bastonati che si vedevano una volta; è sicuro che tutti gli italiani hanno per la loro dignità reciproca un principio di rispetto che cinquant'anni fa non era visibile. Perfino l'uso di dare la mano al dipendente dopo che questi ha compiuto il suo servizio — uso importato dall'America — ha servito da lubrificante nell'agevolare un più umano trattamento reciproco. E coloro cui queste affermazioni mie sembrassero troppo ottimistiche, coloro che citeranno il contegno di certi attuali immigrati meridionali al Nord, e la brutalità senza scrupoli di certi loro ingaggiatori e sfruttatori, mi lascino dire che gli immigrati al Nord di oggi sono sempre fortemente progrediti in fatto di dignità umana, se si confrontano agli altri emigrati, quelli della grande migrazione transoceanica, a quelli che sbarcavano, in condizioni inverosimili morali oltre che materiali, cinquanta anni fa, a Ellis Island.

G. ANSALDO

A Leggere il brano ad alta voce.

B Esporre il brano precedente in non più di centotrenta parole.

C Fornire sinonimi di:
1. mutamento; 2. subentrato; 3. Mezzogiorno; 4. fabbriche;
5. comportamenti; 6. in fatto di; 7. confrontano; 8. inverosimili.

D Spiegare le seguenti espressioni:
1. tenute e poderi; 2. fattori e campieri; 3. braccianti; 4. marcatempo e capireparto; 5. ha servito da lubrificante; 6. immigrati;
7. emigrati.

E Riscrivere le seguenti frasi, sostituendo le espressioni in corsivo
con altre analoghe:

1. E ci sono uffici—soprattutto uffici—*i cui direttori hanno abitudini
e comportamenti da Pascià con gli impiegati, e in cui gli impiegati si sfogano
e si vendicano delle 'partacce' avute dal superiore sbattendo troppo di scatto
lo sportello in faccia ai poveri diavoli che aspettano il loro turno.*

2. Ma nel complesso *è sicuro che non si vedono più certe grinte da
bull-dogs e certi sguardi da cani barboni bastonati che si vedevano una volta.*

3. Gli immigrati al Nord di oggi sono sempre fortemente progrediti
in fatto di dignità umana, se si confrontano agli altri emigrati,
*quelli della grande migrazione transoceanica, a quelli che sbarcavano in
condizioni inverosimili morali oltre che materiali, cinquanta anni fa, a
Ellis Island.*

F Temi:
1. Il problema dell'emigrazione.
2. Una civiltà senza distinzione di classi sociali non può esistere.

29. Il lavoro

Con l'espressione 'sposare una professione' il linguaggio
popolare riconosce una certa somiglianza fra la condizione del
lavoro e quella del matrimonio.

Tale parallelismo è calzante in vari modi. Ad esempio nel
lavoro, come nel matrimonio, accanto ai casi felici, in cui

tutto fila son soddisfazione da ogni parte, abbiamo talvolta inizi burrascosi che poi si assestano per un reciproco adattamento. Sfortunatamente abbiamo anche i casi in cui ad un fuoco di paglia d'entusiasmo, seguono tristi vicende di lotte struggenti, di noia, di crescente disagio o di crisi talvolta drammatiche.

Nel matrimonio, come nel lavoro, si tratta di crisi effettive, che possono riversarsi dilagando su molti altri aspetti della vita. Perché accadono questi fallimenti? Possiamo immaginare che le due parti in causa o non fossero ben assortite fin dall'inizio, oppure che si siano progressivamente disadattate.

Di frequente l'uomo non conosce abbastanza il lavoro che si accinge a intraprendere, e non conosce abbastanza neppure se stesso. Il giovane che ha vagheggiato il lavoro in termini romantici, come un mezzo che gli avrebbe permesso di sentirsi libero, di esprimere se stesso, si scontra poi con le difficoltà di una disciplina, di una tecnica talvolta rigida, trova un troppo modesto compenso economico al suo sacrificio, e entra in crisi più o meno rapidamente. L. MESCHIERI

A   Leggere il brano ad alta voce.

B   Esporre il contenuto del brano precedente in non più di cento parole.

C   Fornire sinonimi di:

1. calzante; 2. si assestano; 3. dilagando; 4. fallimenti; 5. progressivamente; 6. di frequente; 7. si accinge; 8. compenso economico.

D   Spiegare il significato delle seguenti espressioni:

1. sposare una professione; 2. in cui tutto fila con soddisfazione da ogni parte; 3. un fuoco di paglia d'entusiasmo; 4. non fossero ben assortite; 5. più o meno rapidamente.

E   Riscrivere le seguenti frasi, sostituendo le parole in corsive con espressioni analoghe:

1. Con l'espressione 'sposare una professione' *il linguaggio popolare riconosce una certa somiglianza fra la condizione del lavoro e quella del matrimonio.*

2. Possiamo immaginare che *le due parti in causa o non fossero ben assortite fin dall'inizio, oppure che si siano progressivamente disadattate.*
F Temi:
   1. Come scegliere una carriera.
   2. Lo sposare la propria professione non è sempre un vantaggio.

30. *Genova*

Il giorno in cui l'Unione Sovietica acquistò grano da Australia e Canadà, proponendosi di fare altrettanto con gli Stati Uniti, i genovesi esultarono; dopo tanti anni di crisi stagnante, i noli marittimi incominciarono a salire, grazie al numero ingente di piroscafi che saranno impegnati nella gigantesca operazione grano per la Russia. L'episodio potrebbe essere soltanto una manifestazione marginale nel complesso gioco dell'economia marittima; però diventa indicativo dei limiti e delle funzioni di Genova nel discorso che intendiamo avviare sulla città. Da quando si incominciò a parlare di ripresa economica, accennare al triangolo industriale Milano – Torino – Genova divenne un luogo comune; ma a un'indagine non superficiale, ci si avvede che un vertice del triangolo, appunto quello genovese, ha giunture alquanto fragili sotto il profilo industriale.

Benché molti lo neghino, e addirittura si sdegnino quando altri lo affermano, Genova rimane una città di servizi e di attività mercantesche; le industrie rivestono perciò un interesse secondario, sia pure importante, nell'economia genovese, la cui prosperità resta legata al porto. Nella ripresa industriale italiana, le correnti migratorie interne furono il segno delle nuove possibilità di lavoro; Genova fu appena lambita dall'emigrazione e, mentre Torino ha visto la sua popolazione aumentare di 302 mila abitanti fra il 1951 e il

1961, e Milano ha accolto 307 mila nuovi cittadini, nello stesso periodo la popolazione genovese è aumentata soltanto di 87 mila unità. Il raffronto dice chiaramente che sul piano industriale Genova svolge un ruolo modesto, classificandosi per numero di imprese dopo Napoli e Firenze.

F. ROSSO

A Leggere il brano ad alta voce.

B Esporre il contenuto del brano precedente in non più di cento-venti parole.

C Fornire sinonimi di:

1. acquistò; 2. salire; 3. ingente; 4. complesso; 5. non superficiale; 6. mercantesche; 7. il segno; 8. lambita; 9. raffronto.

D Spiegare il significato delle seguenti espressioni:

1. anni di crisi stagnante; 2. i noli marittimi; 3. triangolo industriale; 4. le industrie rivestono un interesse secondario; 5. le correnti migratorie interne; 6. un ruolo modesto; 7. numero di imprese.

E Rispondere alle seguenti domande:

1. Che tipo di città è Genova?

2. Perché la popolazione genovese è aumentata assai meno di quella di Milano e di Torino?

F Temi:

1. La rivoluzione industriale.

2. Visita ad una città italiana.

31. Corse al trotto

Non contesto a nessuno di preferire uno sport piuttosto d'un altro, purché lo stesso diritto mi sia riconosciuto. Sport aristocratico o sport proletario; dispendioso o da pochi baiocchi; marino, alpestre, aereo: se ognuno si contenti del suo, non sarò io a metterci bocca.

Quelli, per esempio, che in riva a un fiume monotono e

melmoso, passano ore ed ore assiderati, sorvegliando gli andirivieni d'un tappo di sughero sull'acqua. Io non li invidio. Direi che nemmeno li capisco. Ma m'inchino alla loro vocazione. Sono pronto ad ammettere che, per gente d'un certo stampo, è quello lo sport che ci vuole; benché non riesca lontanamente ad immaginarmi che anch'io potrei finire come loro, con accanto un pentolino di lombrichi e gli occhi appesi ad una canna. Del resto, la mia scelta sportiva è fissata da un pezzo. Da quando, come il Gigino del Collodi,[1] portavo calzoni corti e collare insaldato. Allora mi fu segnato l'oroscopo. Corse al trotto.

Alle tre magiche parole, come cavalli che nitriscono squassando le criniere immense, fantasmi irrequieti si sciolgono e scagliano, proprio come trottatori alla mossa, quando la gente s'alza in punta di piedi e allunga il collo, pigiandosi allo steccato: ed ecco che già son partiti, solennemente come una nuvola, e da un capo all'altro dell'ippodromo trionfalmente squillano tutte le sonerie.   E. CECCHI

A   Leggere il brano ad alta voce.

B   Riassumere il brano precedente in non più di cento parole.

C   Fornire sinonimi di:

1. dispendioso; 2. baiocchi; 3. melmoso; 4. gli andirivieni; 5. un tappo; 6. d'un certo stampo; 7. lombrichi; 8. squassando.

D   Spiegare il significato delle seguenti espressioni:

1. sport aristocratico o sport proletario; 2. non sarò io a metterci bocca; 3. collare insaldato; 4. corse al trotto; 5. pigiandosi allo steccato; 6. da un capo all'altro.

E   Riscrivere le seguenti frasi, sostituendo le espressioni in corsivo con altre analoghe:

1. Sono pronto ad ammettere che, per gente d'un certo stampo, è quello lo sport che ci vuole; *benché non riesca lontanamente ad immaginarmi che anch'io potrei finire come loro, con accanto un pentolino di lombrichi e gli occhi appesi ad una canna.*

[1] Autore italiano di libri per ragazzi. Gigino è uno dei suoi personaggi.

2. Del resto, la mia scelta sportiva è fissata da un pezzo. *Da quando, come il Gigino del Collodi, portavo calzoni corti e collare insaldato.*

F Temi:

1. Pesca e cavalli sono fra gli sport più popolari in Gran Bretagna.

2. Il cavallo è uno degli animali che maggiormente ha influito sulla vita dell'uomo. Discutere e illustrare il suo ruolo nel passato e nel presente.

32. *Anglo-fiorentini di cento anni fa*

Firenze, 'l'Italia dell'Italia', come la chiamò un viaggiatore inglese del '700, era nel secolo diciannovesimo fra le mete prefisse del *Grand Tour* e la prediletta pei lunghi soggiorni. Il *Grand Tour*, il giro per l'Europa intrapreso allo scopo di allargare e approfondire la cultura a contatto con le civiltà del Continente, era tradizione secolare per i ricchi signori inglesi e di prammatica per i giovani Lords che al termine dell'educazione scolastica venivano a forbirla scorrazzando per qualche anno per l'Europa, accompagnati da un tutore e forniti di lettere di presentazione per le personalità del loro rango che dimoravano nei vari paesi.

L'ascesa di Napoleone I, quel disturbatore del signorile turismo, che concepiva il viaggiare solo come strumento di conquista, impose un periodo di sosta al *Grand Tour*. Ma tramontato nel 1815 il 'Gran Demonio con i suoi banditi' (come a buon diritto lo definì l'inglese Forsyth che fu sua vittima e prigioniero durante un malcapitato viaggio di studio in Italia), e sgombrati i cadaveri dai campi di battaglia, spazzati via dai cervelli i fumi di *Liberté*, *Egalité*, *Fraternité*, percepibili appena dai lontani orizzonti i primi brontolii di sovvertimenti liberali, l'Europa riassettata dai signori del Congresso di Vienna respirò di nuovo e i viaggi all'estero ebbero una subitanea ripresa.

Gli inglesi in particolare, appena toltosi l'incubo napoleonico, per la claustrofobia della loro isola ristretta ne eruppero fuori con l'impeto dello spumante dalla bottiglia.

G. ARTOM-TREVES

A Leggere il brano ad alta voce.

B Riassumere il brano precedente in non più di cento parole.

C Fornire sinonimi di:
1. il secolo XIX; 2. la prediletta; 3. di prammatica 4. dimoravano; 5. tramontato; 6. malcapitato; 7. sovvertimenti; 8. riassettata.

D Spiegare le seguenti espressioni:
1. era tradizione secolare; 2. venivano a forbirla; 3. l'ascesa di Napoleone I; 4. e sgombrati i cadaveri dai campi di battaglia; 5. spazzati via dai cervelli i fumi di *Liberté, Fraternité, Egalité*; 6. una subitanea ripresa.

E Riscrivere le seguenti frasi, sostituendo le espressioni in corsivo con altre analoghe:
1. L'ascesa di Napoleone I, *quel disturbatore del signorile turismo, che concepiva il viaggiare solo come strumento di conquista, impose un periodo di sosta al Grand Tour.*

2. Gli inglesi in particolare, *appena toltosi l'incubo napoleonico, per la claustrofobia della loro isola ristretta ne eruppero fuori con l'impeto dello spumante dalla bottiglia.*

F Temi:
1. Popolarità dell'Italia in Inghilterra.
2. Nonostante la loro insularità gli inglesi per tradizione e cultura sono parte dell'Europa.

33. La regia

Tipica condizione della regia è la capacità d'improvvisazione che non può mancare nell'artista quando viene a contatto con le fonti vive della propria ispirazione: uomini e cose che la macchina, ovvero lo strumento materiale (il pennello, la penna, o il bulino), trasforma, sotto l'impulso di una visione autentica, in 'pezzi di arte'. È impossibile figurarsi un regista-artista che rimanga un freddo 'traduttore' della sceneggiatura di fronte alla speciale realtà del teatro di posa, mai condizionabile a una previsione perfetta e alla realtà della natura.

A Roma ricordiamo di aver visto Jean Renoir girare una parte di quel pochissimo che ha potuto realizzare della *Tosca*:[1] meno di cento metri o poco più dall'inizio. Quando con la macchina, la gru e le lampade fu sul ponte di Castel Sant' Angelo, laddove la sceneggiatura indicava fosse un numero o due egli, misurando a gran passi il ponte, inventò e compose un brano non preveduto né prevedibile: lenti giri attorno alle statue degli angeli, il grave principio di una sinfonia. Questo non è che un esempio come ce ne sono mille e che ognuno di noi potrebbe citare in serie a testimonianza di genio creativo.

Ma c'è un modo di improvvisare più deciso, continuo e deliberato. Da un punto di vista strettamente artistico, risulta senza dubbio più interessante l'opera del regista che si esprime con immediatezza, valendosi soltanto dei mezzi tecnici esclusivi del cinema (macchina da presa, pellicola, ecc. e soprattutto del materiale plastico che soltanto la ripresa può trasformare da realtà in poesia), inventando durante la realizzazione del film stesso (inquadrature, movimento di macchine, atteggiamento e azione degli attori, disposizione degli oggetti, effetti di luce e di suono), riservandosi poi in sede di montaggio la definitiva composizione dell'opera, cui darà quel ritmo che nasce dal montaggio e che durante la ripresa è almeno preveduto nei suoi dati essenziali.   F. PASINETTI

A Leggere il brano ad alta voce.

B Esporre il contenuto del brano precedente in non più di cento-cinquanta parole.

C Fornire sinonimi di:

[1] *Tosca* (1941), iniziato da Renoir, finito da Carlo Knock.

1. figurarsi; 2. laddove; 3. ognuno; 4. deliberato; 5. risulta;
6. valendosi; 7. esclusivi; 8. disposizione.

D Spiegare il significato delle seguenti espressioni:
1. le fonti vive della propria ispirazione; 2. il bulino; 3. che rimanga
un freddo traduttore della sceneggiatura; 4. teatro di posa; 5. il grave
principio di una sinfonia; 6. citare in serie; 7. materiale plastico;
8. in sede di montaggio.

E Rispondere alle seguenti domande:
1. Quando, secondo l'autore, un regista può essere considerato un
regista-artista?
2. Quali sono i mezzi tipici del cinema?

F Temi:
1. Il cinema come forma d'arte.
2. Caratteri del cinema inglese contemporaneo.

34. I 'capricci' di Calvino

Certi libri, specialmente di narrativa, sono a scoppio ritardato:
qualche anno dopo l'uscita, i lettori li scoprono diversissimi
da come erano sembrati sul principio. Succede, allora, che
opere cadute nell'indifferenza svelino qualità del tutto im-
previste, e che altre—già accolte con favore—si mostrino
interessanti e vive per ragioni fino allora non apprezzate.

Al genere dei libri a scoppio ritardato, appartengono *I
Racconti* di Italo Calvino. Da pochissime settimane, infatti,
ne è comparsa la nona edizione, e se ne parla attorno come di un
piccolo avvenimento: con l'interesse diffuso che parrebbe
riservato alle 'novità' dei buoni scrittori. Ma c'era da prevederlo.
Il gusto del pubblico è andato arricchendosi; diverse
questioni problematiche—a proposito di realismo e non
realismo—han cessato di confondere le idee; e una sensi-
bilità più franca, libera dalle intimidazioni della moda, sta ora

accorgendosi che la dote migliore di questi *Racconti* è nella loro civilissima capacità di divertire, di intrattenere piacevolmente.

Per impadronirsi di questa dote, Calvino ha seguita la via più naturale: scartando tutto ciò che gli avrebbe impedito di essere lui il primo a divertirsi delle molte e varie fantasie. Così — nei 77 racconti che occupano le 557 pagine del libro — mai una volta troviamo accenti commossi, che rispecchino un pur fuggevole indugio dell'animo assorto: né mai accade di imbattersi in moralistici spunti.

Il 'perché' nel suo mondo è un triste mistero: il buono e il cattivo, il giusto e l'ingiusto, diresti che per lui siano gli argomenti di un affanno da scontare in segreto. E forse, badando a questa reticenza, verrebbe da concludere che egli è un pessimista, di quelli che, in tema di entusiasmo e di passioni, conoscono una sola saggezza: mordersi le labbra e tacere. Ma è poi lui stesso a scuoterci dalle riflessioni, a dirci che non bisogna arrovellarsi sui 'perché' della vita quando abbiamo — gran diverso — lo spettacolo inesauribile dei 'come'. E proprio questo è il suo dono: il gusto incantato di guardare la realtà, concentrando nell'accuratezza dell'osservazione anche le energie che una vana abitudine vorrebbe sciupate in pietosi accoramenti o in fervore di meditazioni.   F. GIANNESSI

A   Leggere il brano ad alta voce.

B   Esporre il contenuto del brano precedente in non più di centotrenta parole.

C   Fornire sinonimi di:

   1. sul principio; 2. del tutto; 3. la dote; 4. accade; 5. imbattersi; 6. affanno; 7. reticenza; 8. le energie.

D   Spiegare il significato delle seguenti espressioni:

   1. sono a scoppio ritardato; 2. opere cadute nell' indifferenza; 3. con l'interesse diffuso; 4. libera dalle intimidazioni della moda; 5. accenti commossi; 6. rispecchino un fuggevole indugio dell'animo

assorto; 7. moralistici spunti; 8. mordersi le labbra e tacere; 9. lo spettacolo inesauribile dei 'come'.

E Riscrivere le seguenti frasi, sostituendo le espressioni in corsivo con altre analoghe:

1. Da pochissime settimane, infatti, ne è comparsa la nona edizione, *e se ne parla attorno come di un piccolo avvenimento: con l'interesse diffuso che parrebbe riservato alle 'novità' dei buoni scrittori.*

2. Il 'perché' nel suo mondo è un triste mistero: *il buono e il cattivo, il giusto e l'ingiusto, diresti che per lui siano gli argomenti di un affanno da scontare in segreto.*

3. E proprio questo è il suo dono: *il gusto incantato di guardare la realtà, concentrando nell'accuratezza dell'osservazione anche le energie che una vana abitudine vorrebbe sciupate in pietosi accoramenti o in fervore di meditazioni.*

F Temi:

1. Discutere, illustrando con esempi, se sia vero e perché 'certi libri sono a scoppio ritardato'.

2. Discutere se l'introduzione di spunti moralistici giovi o nuoccia a un'opera di narrativa.

35. *La scelta del nome*

La scelta del nome del bambino risulta per lo più da un contrasto fra tradizione e moda: uno dei genitori vuole rimaner fedele a una tradizione di famiglia rinnovando, rifacendo il nonno o la nonna o un antenato o un congiunto particolarmente caro; l'altro preferisce un nome in voga. Questo vocabolo *rifare* testimonia un'origine antichissima dell'uso, il quale è comune a popoli indoeuropei dell'antichità, per esempio ai Greci.

Ancor oggi i tedeschi chiamano *Enkel*, nonnino, il figlio del figliolo (evito l'incomodo, perché anfibologico, termine nostro e latino nipote). Evidentemente in un periodo antichissimo quei popoli credevano, come credono ancor oggi tribù primitive, che l'anima del nonno morto rinascesse nel nipotino (tra i barbari le condizioni poco igieniche di vita e le frequenti uccisioni si incarican loro di provvedere che di nonni vivi ne restin pochi). Affine è la credenza che nel nuovo bambino si rincarni un fratello morto, documentata tra l'altro da una lirica fra le più tollerabili di Victor Hugo[1] *Le Revenant*. Naturalmente né gli antichi del tempo in cui cominciarono a essere civili né tanto meno i moderni sono più consapevoli dell'origine di quest'uso, a cui pure molte famiglie tuttora si attengono. Un'altra tradizione più recente, cristiana, che sopravvive accanto alla prima fino ad oggi, impone al piccino il nome del padrino che è un secondo padre del figlioccio, un compadre o compare. Non a caso, specialmente in alt'Italia, il padrino è chiamato anche sàntolo, vale a dire è il piccolo santo di cui il bambino porta il nome; il santo senza diminutivo è quello che è in cielo, che ha comune il nome con il sàntolo e il figlioccio.

G. PASQUALI

A Leggere il brano ad alta voce.

B Esporre il contenuto del brano precedente in non più di cento parole.

C Fornire sinonimi di:

1. per lo più; 2. congiunto; 3. in voga; 4. vocabolo; 5. affine; 6. sono consapevoli; 7. tuttora; 8. più recente; 9. piccino; 10. alt'Italia.

D Spiegare il significato delle seguenti espressioni:

1. evito l'incomodo, perché anfibologico, termine nostro e latino nipote; 2. si rincarni; 3. una lirica; 4. si attengono; 5. padrino; 6. ha in comune il nome.

E Riscrivere le seguenti frasi, sostituendo le parole in corsivo con espressioni analoghe:

1. Tra i barbari le condizioni poco igieniche di vita e le frequenti uccisioni *si incarican loro di provvedere che di nonni vivi ne restin pochi.*

[1] Poeta francese del secolo XIX.

2. Affine è la credenza che nel nuovo bambino si rincarni un fratello morto, *documentata tra l'altro da una lirica fra le più tollerabili di* Victor Hugo, Le Revenant.

3. Non a caso, specialmente in alt'Italia, il padrino è chiamato anche sàntolo, vale a dire è il piccolo santo di cui il bambino porta il nome: *il santo senza diminutivo è quello che è in cielo, che ha comune il nome con il sàntolo e il figlioccio.*

F Temi:

1. La famiglia e la società contemporanea.
2. La mia famiglia.

36. *Romanticismo e Risorgimento*

La poetica del romanticismo italiano non si spiega nel suo impulso animatore e nella sua forza espansiva e rinnovatrice se non si tiene conto della nuova atmosfera civile che si attua attraverso le appassionate vicende del nostro Risorgimento. Intanto la poetica nuova afferma la sua 'modernità', in quanto si mostra capace di aderire in ogni momento alle speranze, alle rivendicazioni, agli odi, alle lotte di un popolo tutto proteso nella faticosa conquista della propria indipendenza e libertà. La letteratura romantica italiana è tutta più o meno permeata di vivaci riferimenti politici, anche al di fuori della trattatistica e pubblicistica politica vera e propria, che ne costituisce tuttavia parte integrante e in un certo senso precipua. Un vasto afflato umano si fonde in essa con l'ardente aspirazione a scuotersi di dosso la tirannide forestiera; il concetto di patria vi si trova non di rado strettamente congiunto con quello di libertà democratica, di giustizia sociale, di redenzione e di affratellamento di tutti i popoli oppressi.

N. SAPEGNO

A Leggere il brano ad alta voce.

B Esporre il contenuto del brano precedente in non più di novanta parole.

C Fornire sinonimi di:

  1. atmosfera; 2. permeata; 3. ne costituisce; 4. precipua; 5. scuotersi di dosso; 6. concetto; 7. congiunto.

D Spiegare le seguenti espressioni:

  1. la poetica; 2. si attua; 3. Risorgimento; 4. vivaci riferimenti politici; 5. trattatistica e pubblicistica politica; 6. vasto afflato umano; 7. la tirannide straniera.

E Rispondere alle seguenti domande:

  1. Quali erano le relazioni fra poetica e politica durante il Risorgimento?

  2. Che cosa s'intende con l'espressione 'concetto di patria'?

  3. Che cosa s'intende per libertà democratica?

F Temi:

  1. L'unificazione d'Italia.

  2. Rapporti fra vita e letteratura.

37. Il giudice D'Andrea

Con quale inflessione di voce e quale atteggiamento d'occhi e di mani, curvandosi, come chi regge rassegnatamente e sulle spalle un peso insopportabile, il magro giudice D'Andrea soleva ripetere: – Ah, figlio caro! – a chiunque gli facesse qualche scherzosa osservazione per il suo strambo modo di vivere!

Non era ancora vecchio; poteva avere appena quarant'anni; ma cose stranissime e quasi inverosimili, mostruosi intrecci di razze, misteriosi travagli di secoli bisognava immaginare per giungere a una qualche approssimativa spiegazione di quel prodotto umano che si chiamava il giudice D'Andrea.

E pareva ch'egli, oltre che della sua povera, umile, co-
munissima storia familiare, avesse notizia certa di quei mostruosi intrecci di razze, donde al suo smunto sparuto viso
di bianco eran potuti venire quei capelli crespi gremiti da
negro; e fosse consapevole di quei misteriosi infiniti travagli
di secoli, che su la vasta fronte protuberante gli avevano
accumulato tutto quel groviglio di rughe e tolto quasi la
vista ai piccoli occhi plumbei, e scontorto tutta la misera
personcina.

Così sbilenco, con una spalla più alta dell'altra, andava per
via di traverso, come i cani. Nessuno però, moralmente,
sapeva rigar più diritto di lui. Lo dicevano tutti.

Vedere, non aveva potuto vedere molte cose, il giudice
D'Andrea; ma certo moltissime ne aveva pensate, e quando
il pensare è più triste, cioè di notte.

Il giudice D'Andrea non poteva dormire.

Passava quasi tutte le notti alla finestra a spazzolarsi una
mano a quei duri gremiti suoi capelli da negro, con gli occhi
alle stelle, placide e chiare le une come polle di luce, guizzanti
e pungenti le altre; e metteva le più vive in rapporti ideali di
figure geometriche, di triangoli e di quadrati, e, socchiudendo
le palpebre dietro le lenti, pigliava tra i peli delle ciglia la
luce d'una di quelle stelle, e tra l'occhio e la stella stabiliva il
legame d'un sottilissimo filo luminoso, e vi avviava l'anima
a passeggiare come un ragnetto smarrito.   L. PIRANDELLO

A Leggere il brano ad alta voce.

B Riassumere il brano precedente in non più di centotrenta
parole.

C Fornire sinonimi di:
  1. inflessione; 2. strambo; 3. donde; 4. smunto; 5. sparuto; 6. gremiti; 7. protuberante; 8. groviglio; 9. polle.

D Spiegare il significato delle seguenti espressioni:
  1. mostruosi intrecci di razze; 2. una qualche approssimativa
spiegazione; 3. capelli crespi; 4. avevano tolto quasi tutta la vista

ai piccoli occhi plumbei; 5. nessuno sapeva rigar più dritto di lui; 6. metteva le più vive in rapporti ideali di figure geometriche.

E Riscrivere le seguenti frasi, sostituendo le espressioni in corsivo con altre analoghe:

1. Poteva avere appena quarant'anni; ma *cose stranissime e quasi inverosimili, mostruosi intrecci di razze, misteriosi travagli di secoli bisognava immaginare per giungere a una qualche approssimativa spiegazione di quel prodotto umano che si chiamava il giudice D'Andrea.*

2. Socchiudendo le palpebre dietro le lenti, *pigliava tra i peli delle ciglia la luce d'una di quelle stelle, e tra l'occhio e la stella stabiliva il legame d'un sottilissimo filo luminoso, e vi avviava l'anima a passeggiare come un ragnetto smarrito.*

F Temi:

1. 'Non si devono giudicare gli uomini dal loro viso; si conoscono bene alla prova' (Napoleone).

2. Dire quali debbano essere, secondo voi, i compiti e i limiti dell'amministrazione della giustizia nella società.

38. Roma antica

Roma fino a quell'età era cresciuta, dentro e nelle strettoie delle successive sue cinte fortificate, e all'intorno, alla rinfusa, e come dice Livio, indiscriminata, con ogni sorta di fabbriche e di lavori affastellati.

Dalla fine di Cartagine in poi, l'impeto smisurato dell'espansione e della conquista l'aveva gremita, con le ricchezze e le prede e i commerci e le attività, di immigrati dalle più varie provenienze e stirpi e lingue e arti e mestieri, a principiare da quello del disperato. Capitale e mercato e tribunale di un mondo, vi si trattavano e agitavano e governavano le cause, gli interessi e i destini di nazioni e stati e popoli diversamente sudditi o soggetti, ugualmente dipendenti. Governi e persone contribuivano ad affollarla tumultuariamente, così con le distruzioni, le rapine, le spogliazioni della conquista, come con le estorsioni ed esazioni di un governo ancora usurario. Turbe di sradicati e di spostati d'ogni condizione eran venute a infoltire la moltitudine cittadina di vecchia e nuova data, dalle discordie e guerre civili e dalle proscrizioni, anch'essa, spiantata e dissestata in una città immensamente opulenta e miserabile.

Correggere le esosità e gli errori della vecchia pratica spogliatrice, vessatoria, era disegno di Cesare, e non ultima causa dell'avversione, come sapevano le vittime di quella pratica. La moltitudine dei dissestati, postulanti pane e giustizia, o una speranza destinata quel giorno a sembrar morta con Cesare se trionfavano gli oligarchi suoi uccisori, era bisognosa di tutto e naturalmente di case. Si allogavano e si stipavano dappertutto: dentro i ruderi delle vetustà e delle demolizioni e delle distruzioni, sui terreni esosamente acca- parrati dalla speculazione edilizia impiantata sui dissesti e sulle confische e sugli incendi delle guerre civili e delle proscrizioni; nei cantieri delle costruzioni, poco che andassero a rilento; e subito a ridosso degli edifici pubblici e privati di nuova costruzione, che non ancora finiti eran già aggrediti a tergo e ai lati dalle catapecchie che vi s'addossavano. Così isole di caseggiati folti e miserevoli, appoggiati e abbarbicati ai monu- menti del fasto e dell'orgoglio cittadino antichi e nuovi, ospitavano, in intricati quartieri, genti che vi si trovavan riunite da affinità di razza, di provenienza, di mestiere, di clientela o di miseria e disperazione, in una promiscuità di splendori e dovizie e comodi, e di penuria e sordidezze e disagi, estremi del pari.   R. BACCHELLI

A Leggere il brano ad alta voce.
B Riassumere il contenuto del brano precedente in non più di centosettanta parole.

C Fornire sinonimi di:

1. alla rinfusa; 2. le spogliazioni; 3. turbe; 4. opulenta; 5. vessatoria; 6. disegno; 7. avversione; 8. si allogavano; 9. i ruderi; 10. della vetustà.

D Spiegare il significato delle seguenti espressioni:

1. nelle strettoie delle successive sue cinte fortificate; 2. affastellati: 3. turbe di sradicati e di spostati d'ogni condizione; 4. proscrizioni; 5. le esosità e gli errori della vecchia pratica spogliatrice; 6. postulanti pane e giustizia; 7. gli oligarchi suoi uccisori; 8. catapecchie; 9. intricati quartieri; 10. estremi del pari.

E Riscrivere le seguenti frasi sostituendo le espressioni in corsivo con altre analoghe:

1. Dalla fine di Cartagine in poi, *l'impeto smisurato dell'espansione e della conquista l'aveva gremita, con le ricchezze e le prede e i commerci e le attività, di immigrati dalle più varie provenienze e stirpi e lingue e arti e mestieri, a principiare da quello del disperato.*

2. Turbe di sradicati e spostati d'ogni condizione *erano venuti a infoltire la moltitudine cittadina di vecchia e nuova data, dalle discordie e guerre civili e dalle proscrizioni, anch'essa, spiantata e dissestata in una città immensamente opulenta e miserabile.*

F Temi:

1. L'uccisione di Cesare fu un delitto o un atto di amor patrio?
2. L'impero romano e lo sviluppo della civiltà occidentale.

Sources and Acknowledgements

Grateful acknowledgement is due to the publishers listed below, for permission to use the passages in this book.

1. A. Loria, 'L'albergatore ammalato', in *Carosello di narratori italiani*. Martello: Milan.

2. E. De Marchi, 'Dopo il delitto', in *Il cappello del Prete*. Manchester University Press: Manchester.

3. M. L. Rizzati, 'Il Palio', from *Chi Prega, chi picchia*, in *Storia Illustrata*. Mondadori: Milan. 1960.

4. L. Mastronardi, 'Il maestro di Vigevano', in *Il maestro di Vigevano*. Einaudi: Turin.

5. F. Jovine, 'Le terre del Sacramento', in *Le terre del Sacramento*. Einaudi: Turin.

6. U. Betti, 'Una gita in montagna', from *Il paese delle vacanze* in *Teatro di Betti*. Cappelli: Bologna.

7. C. Pavese, 'La casa d'Oreste', in *La Bella estate*. Einaudi: Turin.

8. Anon., 'Cammelli e jeep', in *La Stampa Sera*, 30 December 1964. Turin.

9. G. Guareschi, 'Don Camillo', in *Piccolo mondo di Don Camillo*. Rizzoli: Milan.

10. Anon., 'Un romanzo giallo', from the introduction to *Giallo Mondadori*, no. 640, 7 May 1961. Mondadori: Milan.

11. A. Buzzati Traverso, 'I misteri della senescenza', from *I misteri della senescenza* in *L'Espresso*. Rome, 1960.

12. A. Moravia, 'Avventura al mare', from *Tabù* in *I racconti*. Bompiani: Milan.

13. A. De Benedetti, 'Un marito geloso', in *Da giovedì a giovedì*. Cappelli: Bologna.

14. G. Marotta, 'L'oroscopo', in *Mi voglio divertire*. Ceschina: Milan.

15. G. Grazzini, 'Il figlio della bomba', from *Sono il figlio della bomba* in *Epoca*, 1964.

16. D. Fabbri, 'Processo di famiglia', in *Teatro italiano del dopoguerra*. Guanda: Bologna.

17. G. Tumiati, 'La Traviata', in *La Stampa*, 22 December 1964. Turin.

18. P. Zullino, 'L'onorevole sarto', from *L'onorevole sarto* in *Epoca*, 1964. Mondadori: Milan.

19. I. Calvino, 'I paladini', in *Il cavaliere inesistente*. Einaudi: Turin.

20. V. Brancati, 'La vecchia stampa', in *Il vecchio con gli stivali*. Bompiani: Milan.

21. I. Svevo, 'Zeno', from *La coscienza di Zeno*, adapted by T. Kezich, in *Sipario*, 1964. Bompiani: Milan.

22. F. Tombari, 'Il riccio', in *Il libro degli animale*. Mondadori: Milan.

23. Anon., 'Il telefono visivo', in *La Stampa Sera*, 30 December 1964. Turin.

24. I. Montanelli, 'La *Britannica* in Italia', in *Il Corriere della Sera*, 29 April 1954. Milan.

25. P. Toschi, 'L'influsso della luna', in *Tradizioni popolari italiane*. E.R.I.: Turin.

26. C. Levi, 'I monachicchi', in *Cristo si è fermato ad Eboli*. Mondadori: Milan.

27. A. Baldini, 'Ilaria del Carretto', in *Antologia di letteratura italiana per stranieri*, ed. by O. Prosciutti and U. Pittola, Mondadori: Milan.

28. G. Ansaldo, 'Ieri e oggi', in *Il Tempo*, 1963. Rizzoli: Milan.

29. L. Meschieri, 'Il lavoro', in *Igiene Mentale*. E.R.I.: Turin.

30. F. Rosso, 'Genova', in *La Stampa*, 23 October 1963. Turin.

31. E. Cecchi, 'Corse al trotto', in *Prosa dal Carducci ai contemporanei*, ed. by G. Getto and F. Portinari. Petrini: Turin.

32. G. Artom-Treves, 'Anglo-fiorentini di cento anni fa', in *Anglo-fiorentini di cento anni fa*. Sansoni: Florence.

33. F. Pasinetti, 'La regia', in *L'arte del film*, ed. by Aristarco. Bompiani: Milan.

34. F. Giannessi, 'I capricci di Calvino', in *La Stampa*, 3 October 1962. Turin.

35. G. Pasquali, 'La scelta del nome', in *Conversazioni sulla nostra lingua*. E.R.I.: Turin.

36. N. Sapegno, 'Romanticismo e Risorgimento', in *Compendio di storia della letteratura italiana*, vol. III. La Nuova Italia: Florence.

37. L. Pirandello, Il giudice D'Andrea', in *Prosa dal Carducci ai contemporanei*, ed. by G. Getto and F. Portinari. Petrini: Turin.

38. R. Bacchelli, 'Roma antica', in *I tre schiavi di Giulio Cesare*. Mondadori: Milan.

Key

Keys are given here to exercises **C, D, E**. The first six keys also contain examples of précis of the passages. Comprehension exercises do not admit of just one solution, as can be seen in key 1 where more than one answer is given to exercises **C** and **D**. The following keys, therefore, show how the exercises can be tackled, but do not supply all possible answers.

1. L'albergatore ammalato

B Il padrone di un albergo di montagna ha dovuto per ragioni di salute, rinunciare ad occuparsi direttamente dei clienti e dell'andamento dell'albergo. Ciò lo addolora perché solo raramente ha occasione di parlare con loro, e ciò gli toglie il piacere non solo della loro amicizia ma anche quello di potersi vantare dell'eleganza e della bontà del suo albergo. Ora passa la maggior parte del suo tempo nel suo alloggio privato che si trova in un'ala dell'albergo non aperta al pubblico.

C 1. riscostruito, rimesso a nuovo; 2. è situato, è; 3. il panorama, la veduta; 4. per così dire, in un certo qual modo; 5. riguardo quest'argomento, su questo argomento; 6. paragoni, raffronti; 7. tranne, fuorché; 8. devo, sono obbligato.

D 1. un'impresa commerciale, in questo caso indica l'albergo; 2. sono tormentato da malattie e da disturbi continui, non sto bene; 3. i clienti più importanti, le persone più ragguardevoli che si fermano all'albergo; 4. modo in cui si investe il denaro, sfruttamento dei soldi; 5. senza fare alcuna economia, con larghezza di mezzi; 6. intieramente, in modo completo; 7. un rumore non molto forte ma continuo, un ronzio ininterrotto.

E 1. L'albergo è situato in montagna, in un punto panoramico della valle, da cui si gode una magnifica vista.

2. I rapporti fra padrone e clienti erano molto cordiali, quasi da amici, quando il proprietario stava bene e poteva intrattenersi con loro. Ora invece padrone e clienti si vedono assai raramente.

3. L'alloggio del padrone si trova al pianterreno in un'ala privata dell'albergo, che serve per i servizi.

2. Dopo il delitto: sensazioni

B Il barone, dopo avere ucciso il prete Cirillo, si sentì spaurito e quasi non credeva di avere commesso il delitto. Ma poi, sentendo il bottino fra le mani, si rese conto che ora era ricco e libero e cercò di vincere la paura, dicendosi che rimorso e paura non erano che sensazioni, mentre ciò che contava erano i fatti.

C 1. tranquilla; 2. in ordine; 3. il bottino; 4. soldi; 5. la necessità; 6. spezzare; 7. rimangono.

D 1. faceva brillare il colore delle foglie, che variava di tonalità da un albero all'altro; 2. il successo e l'indipendenza al posto della povertà e del fallimento; 3. nel terreno smosso e non compatto; 4. vincere la paura; 5. parlando con se stesso e cercando di vincere i dubbi che gli erano venuti.

E 1. Una gran pace avvolgeva la natura che si scaldava al sole della primavera.

2. Rimase due minuti coi piedi sprofondati nella terra molle, quasi incapace di muoversi sotto il pensiero di ciò che aveva fatto, quindi si scosse cercando di dominare la paura.

3. Il Palio

B L'attrazione principale del Palio di Siena consiste nel fatto che, pur essendo tradizione antica, esso è ancora vivamente sentito dai senesi. Lo spirito che lo anima è assai diverso dallo spirito di speculazione turistica che informa analoghe manifestazioni folkloristiche. I senesi godono nel celebrarlo come d'una cosa loro, in quanto il Palio forma una parte essenziale della loro vita cittadina.

C 1. speciali; 2. prendono; 3. medesima; 4. brillante; 5. spessa; 6. successione; 7. attrazione; 8. trasporto; 9. capitolazione.

D 1. studio ed apprezzamento di un mondo nuovo, a cui si giunge progressivamente (letteralmente: cammino o percorso prestabilito fra due o più luoghi); 2. raffinatezza di sentimenti e di gusti (letteralmente: termine teologico usato per indicare assenza di peccato); 3. stemmi o insegne gentilizie; 4. luoghi in cui si conservano raccolte d'oggetti e opere d'interesse storico; 5. conferisce un carattere diverso; 6. manifestazioni in costume, che si svolgono secondo un ordine prestabilito, quali processioni, giostre, giochi, ecc.; 7. che hanno perso dignità e prestigio, scendendo a livello inferiore; 8. ordine di posti per il pubblico, a forma di scalini, in genere di legno, su cui poggia un tavolato, chiamato palco o tribuna.

E 1. Il passato a Siena non è mai intieramente morto, o rappresentato soltanto dalle opere raccolte nei musei e nelle gallerie d'arte, ma partecipa continuamente alla vita cittadina d'ogni giorno.

2. Lo fecero nel luglio del '45 quando cessarono le ostilità; poi di nuovo nell'agosto, prendendo come scusa la fine della guerra col Giappone, e in realtà per rifarsi degli anni di guerra in cui il Palio non poté essere celebrato.

4. Il maestro di Vigevano

B Il maestro di Vigevano decide di lasciare la scuola per iniziare la carriera dell'industriale. Al momento di dare le dimissioni si sente però mancare il coraggio. I colleghi a cui ha detto le sue intenzioni, lo considerano uno stolto a lasciare il suo posto sicuro d'insegnante e a rischiare il denaro in un'impresa commerciale. Egli rimane perciò indeciso, di fronte alla porta della direzione, senza osare di entrare.

C 1. all'uscio; 2. volevo; 3. penso; 4. circolò; 5. un matto; 6. un funambolo.

D 1. l'ufficio del capo della scuola elementare; 2. insegnare in una scuola elementare; 3. quello che si dice di me; 4. facevo cenno di sì col capo; 5. il modo sorpreso in cui mi osservavano i colleghi; 6. somma di denaro che si dà a un impiegato quando lascia il lavoro dopo un certo periodo di servizio; 7. finire, in questo caso riferito ai denari.

E 1. Sia Amiconi che Cipollone si misero a ridere e gli dissero che ben presto si sarebbe pentito della sua decisione e sarebbe ritornato ad insegnare.

2. Amiconi gli disse che la liquidazione non sarebbe durata per molto tempo e che ben presto avrebbe avuto delle difficoltà.

5. *Le terre del Sacramento*

B La pioggia, che venne all'inizio di giugno, ammorbidì il suolo e i contadini poterono finalmente dare inizio ai lavori agricoli. I loro metodi erano assai primitivi e ciò rendeva assai pesante il lavoro, fatto per lo più a mano. Tutta la popolazione prendeva parte a questo immane sforzo per rendere fertile una zona ingrata. Furono costruiti degli argini e terreno umifero e fertile fu trasportato sul luogo, colla speranza di dare nuovo vigore a vecchie piante striminzite.

C 1. gentilmente; 2. violenza; 3. ribelli; 4. vecchissimi; 5. fertile; 6. macilente; 7. maltempo; 8. acqua.

D 1. la pioggia rese la terra malleabile; 2. ammucchiavano i sassi quasi fossero i resti d'una costruzione; 3. mucchi di sassi o di terriccio che ricoprono una tomba; 4. terreno fertile o umifero; 5. allagamenti provocati dallo straripare di fiumi o torrenti; 6. cesti di diverse forme: corba, cesta di forma o-blunga, abbastanza grande con o senza manici, canestro, cesto con un solo manico ad arco; 7. aree impervie e ripide; 8. co-struire barriere per frenare il corso delle acque.

E 1. Iniziarono il lavoro con grande energia, quasi con violenza, sperando forse finalmente di vincere la resistenza di quei campi selvaggi.

2. Dove erano capitate piante d'olivo vecchie e rovinate dal tempo, si rimosse la terra dalle radici, e le si ricoperse prima di letame e poi di buon terriccio.

6. Una gita in montagna

B Durante una gita in montagna, Alberto è caduto e si è fatto male. Francesca, che era con lui al momento dell'incidente, lo medica e cerca di aiutarlo. Sopraggiungono il dottore, Cleofe, Ofelia e Noemi. Il dottore è assai deluso quando scopre che Alberto non si è fatto nulla di serio, mentre Ofelia e Cleofe bisticciano sull'accaduto. Ad un tratto Ofelia rivela che ella ha visto da lontano la scena e, per mezzo di un binocolo, ha potuto osservare che Francesca ha spinto Alberto facendolo cadere. Francesca ammette che ciò è vero. Noemi allora interviene dicendo che la ragazza è innamorata di Alberto e che, spinta dalla sua indifferenza, ha cercato di fargli del male. Noemi dice inoltre che Francesca è una ragazza da poco e continuerebbe a criticarla, se Alberto non intervenisse in suo favore.

C 1. balbettando; 2. burrone; 3. pedante; 4. serio; 5. cannocchiale; 6. distratta; 7. ammazzarti; 8. sorpreso.

D 1. medicando il viso di Alberto con del cerotto; 2. indossando il cappellino di storto, probabilmente fuori di posto a causa della corsa; 3. esclamazione, simile a: 'per amor di Dio!'; 4. esclamazione che indica sorpresa: 'guarda un po'!'; 5. esamina il cuore del malato; 6. uno shock che colpisce il cervello; 7. Cleofe parla ironicamente, dicendo che il precipizio in cui è caduto Alberto non era altro che una piccola buca; 8. Noemi parla in modo calmo ma pieno di astio verso Francesca; 9. si dice di una persona in apparenza modesta e tranquilla, ma che in verità si dà molto da fare.

E   1. Alberto è caduto in montagna e si è fatto male.

2. Ofelia, che possiede un binocolo, ha potuto vedere da lontano quello che è accaduto fra Francesca e Alberto e rivela agli altri quello che Francesca ha fatto.

3. Francesca, che ama segretamente Alberto, lo ha fatto cadere in un momento di collera, irata contro la sua indifferenza.

7. La casa d'Oreste

C   1. mi resi conto di ciò; 2. scalini; 3. attendevo; 4. ruvido; 5. rumore; 6. le imposte; 7. mi scusai.

D   1. una casa non molto grande circondata da un giardino e di un certo tono signorile; 2. piante, come l'edera per esempio, che crescono appoggiandosi ai muri e agli alberi; 3. oggetto di metallo attaccato alla porta d'ingresso, che serve per bussare; 4. materiale che ricopre i muri di una casa, di solito fatto di calce e di sabbia; 5. la pace e la tranquillità del mezzogiorno; 6. sente dentro di sé, come se fosse parte di se stesso.

E   1. Mentre aspettavo, osservai il posto e vidi la casa illuminata dalla luce del sole, e dell'erba verde, che cresceva sul muraglione e si stagliava contro il cielo: tutto era avvolto nella pace del mezzogiorno.

2. Pensai che esistono dei posti che hanno per chi li ha conosciuti e vi ha vissuto un significato profondo e particolare che gli altri non possono sentire.

8. Cammelli e jeep

C 1. riduzione; 2. nonostante; 3. l'indomani; 4. prateria tropicale; 5. fa il pranzo; 6. danza; 7. giradischi.

D 1. iniziano il viaggio; 2. denaro minuto, usato qui per indicare i pochi soldi che restano in tasca dopo aver pagato le spese principali del viaggio; 3. uno stipendio mensile in più che si riceve alla fine dell'anno; 4. piccoli oggetti che si comprano a ricordo dei luoghi lontani e stranieri; 5. si lasciano gli abiti più eleganti e di maggior impegno per indossare vestiti pratici e adatti per le vacanze; 6. cammino percorso dalle carovane in Marocco; 7. spedizione in cui si fotografa la caccia grossa in Africa.

E 1. Essere su di una nave a mezzanotte e navigare è una cosa meravigliosa, con il vantaggio che il giorno dopo si può sbarcare in Grecia, a Palma di Maiorca, o Casablanca e spendere gli spiccioli della tredicesima in ricordini esotici.

2. Costa caro, però si ritorna a casa con il ricordo dei brividi e delle emozioni che ci procura la vista delle belve feroci e degli animali selvaggi.

9. Don Camillo

C 1. apparire; 2. incarico; 3. comportamento; 4. cerimonia; 5. sul sermone; 6. lo inquietava; 7. alzava.

D 1. funzionario di un partito che ha il compito di controllare l'opinione pubblica, qui usato ironicamente; 2. c'è sempre; 3. il sacerdote manca ai suoi doveri; 4. dal principio alla fine; 5. ha omesso qualche parola o parte della cerimonia; 6. a che cosa pensa oggi; 7. Don Camillo è cambiato ed invecchiato; 8. abitazione del parroco accanto alla chiesa.

E 1. Il vecchio Rocchi non mancava naturalmente a nessuna funzione e siccome aveva il banco di famiglia in prima fila, poteva seguire Don Camillo dall'a alla zeta e, durante il servizio, faceva osservare ironicamente alla moglie che Don Camillo aveva tralasciato una parola, una parte di una preghiera.

2. Il Rocchi, infatti, era severissimo nelle questioni di forma e spesso paragonava Don Camillo all'arciprete di Treville, facendo notare come quest'ultimo si soffiasse silenziosamente il naso durante le funzioni, mentre Don Camillo faceva un baccano d'inferno.

10. Un romanzo giallo

C 1. nei romanzi polizieschi; 2. irritante; 3. è lecito; 4. sospettati; 5. capire; 6. omicidi; 7. soddisfare; 8. poliziotti investigatori.

D 1. togliere l'eredità; 2. se siete più o meno astuti; 3. dovete studiare a fondo; 4. descrizione della discendenza di una famiglia; 5. saranno pienamente soddisfatti.

E 1. Anzi per aiutarvi ad afferrare con maggior chiarezza i legami di famiglia di questi 'diseredati' e possibili assassini, vi abbiamo allestito una specie di albero genealogico, perché possiate così identificare e riconoscere i vari parenti dei Gibbs.

2. Il mistero è ben congegnato, ma che fosse risolvibile fin dalle prime pagine apparirà chiaro soltanto alla fine.

11. *I misteri della senescenza*

C 1. desiderio; 2. in ogni luogo; 3. che si presentano; 4. un rischio; 5. morire; 6. vinte; 7. crescono; 8. avi.

D 1. paesi abitati da uomini di razza bianca; 2. secondo le statistiche l'uomo vive in genere fino ai settant' anni; 3. persone che vivono molto a lungo; 4. nel momento in cui viene alla luce; 5. malattie che si diffondono attraverso un diretto contatto con il malato; 6. isolate e limitate con mezzi medici.

E 1. Tutti di solito desiderano vivere a lungo e in buone condizioni di salute.

2. Significa solo che le cause più comuni che provocano la morte quando si è ancora giovani sono oggi per la maggior parte conosciute e vinte.

3. Superati i primi anni, è assai più facile vivere oggi fino alla maturità o alla vecchiaia di quel che non fosse nel passato.

12. *Avventura al mare*

C 1. un istante; 2. mi veniva meno; 3. sabbia; 4. torace; 5. ventre; 6. accecava; 7. è spacciato; 8. gli spavaldi.

D 1. cominciai a fare movimenti disordinati ed inconsulti; 2. dolore causato da un'improvvisa contrazione dei muscoli; 3. chinato, sedendosi sui talloni; 4. disteso sulla sabbia, l'autore poteva vedere soltano le gambe delle molte persone che lo circondavano; 5. strumento che si usa per emettere aria e si adopera di solito in un organo o per soffiare sul fuoco: 6. agitarsi, cercando di liberarsi dagli altri che gli tenevano braccia e gambe.

E 1. Fu un attimo, ma gli bastò per perdere il controllo di sé.

2. Insomma, sarebbe affogato, se Ugo non lo avesse preso per le braccia e, dicendogli di star fermo, non lo avesse trascinato verso riva.

3. Sentì che alcuni lo davano per morto, mentre altri dicevano che molti che si danno delle arie e pretendono di saper nuotare, finiscono col correre dei rischi inutili.

13. *Un marito geloso*

C 1. note; 2. annoiato; 3. concomitanza; 4. fortuita; 5. ad ogni modo; 6. controllare; 7. gli dà.

D 1. denaro che si dà come acconto sulla spesa totale; 2. gli anni non hanno alcuna importanza in questo caso; 3. persona che esercita la professione legale; 4. con ira improvvisa; 5. Paolo non ha alcuna prova che Adriana gli sia infedele; 6. faremo delle ricerche.

E 1. Perché è geloso e pensa che Adriana gli sia infedele.

2. Tito è l'investigatore privato che Paolo assume per sorvegliare la moglie.

3. Tito è dapprima sorpreso della gelosia di Paolo, ma, una volta saputo della lampada sulla terrazza, pensa che Paolo abbia ragione, tanto più che sedici anni di differenza fra moglie e marito gli paiono eccessivi.

14. L'oroscopo

C 1. avvenire; 2. oscuro; 3. selvaggia; 4. spaventa; 5. si rivelano; 6. rebus; 7. ci distolgono; 8. increduli.

D 1. cerimonia di significato oscuro e priva di valore logico; 2. piena di luce; 3. più grande è il numero di nuove scoperte; 4. potremo andare più veloci della luce; 5. con la stessa credulità dei tempi antichi; 6. smettetela di fingere; 7. modo di leggere il futuro secondo la posizione delle stelle e dei pianeti; 8. libri o almanacchi che riportano la posizione delle stelle e dei pianeti per ogni giorno dell'anno.

E 1. Il futuro è l'unica cosa che ancora rimane ignota all'uomo moderno e essa rappresenta un'oscurità fitta, barbara, che ci sgomenta e ci respinge.

2. Soltano coloro che possono dire di non aver mai mostrato alcun interesse nel conoscere il futuro servendosi dello studio delle stelle, possono condannare gli oroscopi.

15. Il figlio della bomba

C 1. lo scoppio; 2. torcia; 3. leggera; 4. elegante; 5. rilanciata; 6. emblema; 7. immortale.

D 1. Hiroshima bruciata quasi completamente dalla bomba atomica; 2. lo stadio era pieno dei colori delle varie bandiere e risuonava degli applausi e delle musiche dei diversi paesi; 3. il lento risuonare del martello sul gong; 4. nei suoi movimenti Yoshinori ricordava gli antichi atleti greci, che furono i primi ad avere i giochi olimpici; 5. per mezzo dei nuovi satelliti spaziali la ripresa televisiva dei giochi olimpici di Tokio si poteva vedere in tutte le parti del mondo.

E 1. È un giovane atleta giapponese nato nel 1945 a Hiroshima.

2. Yoshinori è un pacifista e vuole restare all'Università, invece di fare il servizio militare, per poter individuare le cause delle guerre.

3. Durante i giochi olimpici lo stadio di Tokio è decorato di bandiere d'ogni paese e risuona di musiche d'ogni paese. Anche il pubblico che applaude è composto da gente che viene da ogni parte del mondo.

16. Processo di famiglia

C 1. stanza; 2. della musica leggera; 3. al contrario; 4. entra silenziosamente; 5. va; 6. sussurra; 7. affettuosamente.

D 1. una casa arredata secondo il gusto e le possibilità del ceto medio; 2. ha da poco compiuto i quarant'anni; 3. aiuta a rilassarsi; 4. articoli di carattere pseudo-scientifico, di solito ritenuti tipici delle riviste pubblicate in America; 5. perdonargli sempre; 6. è arrossato con gli occhi lucidi e il respiro veloce; 7. Isolina rimette in ordine il bambino.

E 1. Senza alzare la testa, Eugenio chiede a Isolina se la radio non le dia fastidio e non la distolga dalla lettura, ma Isolina non gli risponde.

2. Isolina, continuando a guardare il libro, chiede a bassa voce ad Abele perché non abbia detto buon giorno quando è entrato.

3. Isolina alza la testa e lo guarda, e poi, lasciando il libro, dice ad Abele che è vero che egli è in ritardo, ma questo non giustifica il fatto che egli non abbia salutato. Quindi lo chiama accanto a sé.

17. La Traviata

C 1. era in grado; 2. non essendo d'accordo; 3. proprio a causa di ciò; 4. aveva abbattuto; 5. si fosse spento; 6. credibile; 7. rinviare; 8. un'attrice famosa.

D 1. la prima volta che nella stagione teatrale veniva eseguita l'opera 'La Traviata', la serata era stata molto agitata; 2. la Moffo non aveva avuto la possibilità di provare l'opera con gli altri artisti e mancava perciò un accordo di recitazione; 3. la folla che andava alla Scala era numerosa e spingeva verso l'entrata; 4. le scritte riportate sui manifesti che si usano quando c'è un cambiamento negli artisti; 5. aveva un carattere che aveva resistito davanti ai fischi e ai dissensi del pubblico; 6. la Moffo ha una fama tale per cui non si sarebbe assuefatta facilmente all'idea di servire solo come sostituta per salvare una recita.

E 1. Il suo posto, alla seconda che è andata in scena ieri sera, è stato preso da un'altra cantante famosa, Anna Moffo, a cui era stato chiesto all'ultimo momento di sostituire Mirella Freni.

2. Così domenica sera i numerosi spettatori che speravano forse in un'altra serata ancor più tumultuosa della precedente, sono rimasti delusi alla vista dei cartelli che annunziavano la sostituzione della protagonista per 'constatata indisposizione'.

3. Questa tesi non ha convinto troppo i sostenitori della Freni, perché l'attrice aveva dimostrato doti di coraggio e di disinvoltura di fronte alle reazioni negative del pubblico tali da far dubitare che si sarebbe poi volontariamente ritirata.

18. L'onorevole sarto

C 1. ignorava; 2. l'infelice; 3. le ordinò; 4. seppero; 5. ultimato; 6. il portalettere; 7. dava; 8. alla sprovvista.

D 1. andava in discesa sugli sci a grandissima velocità. 2. le persone che disegnano e impongono un nuovo stile nel vestire. Si usa di solito per i grandi sarti; 3. girando sugli sci con grande abilità; 4. vestiva in modo goffo e pesante che le impediva i movimenti; 5. diventò elegante seguendo i consigli del suo trasformatore, il marchese Pucci; 6. era riuscita a trovare una notizia di sicuro successo; 7. accettò pensando che si trattasse soltanto di un divertimento; 8. per fare qualcosa di utile.

E 1. Il marchese Pucci dovette sentire sorpresa e dolore per la povera ragazza e desiderio di aiutarla; e siccome in lui ancora esiste lo spirito nobile e cavalleresco dei suoi aristocratici antenati, non solo aiutò la ragazza ad arrivare alla fine della pista, ma si propose di risolvere per sempre il suo problema.

2. Qualche mese dopo una ditta americana di abiti già fatti, gli scrisse da New York ordinandogli non solo i disegni, ma anche un'intera collezione di indumenti già confezionati, per tentare il lancio negli Stati Uniti.

19. I paladini

C 1. l'armata; 2. corazze; 3. fosse svenuto; 4. si fosse appiso-
lato; 5. eretti; 6. soffio d'aria; 7. videro; 8. maestà.

D 1. cavalieri della Corte di Carlo Magno; 2. al principio
dell'estate; 3. quello strano suono simile al rumore sordo fatto
dal mare; 4. che sembrava essere di misure maggiori delle
proporzioni reali; 5. espressione che indica ripetizione dell'azione; 6. levando la parte anteriore dell'elmo e scoprendo la
faccia.

E 1. Già da più di tre ore erano lì; faceva caldo; era un
pomeriggio di prima estate, il tempo era grigio e il cielo
carico di nuvole; nelle armature faceva un caldo infernale.

2. A furia di comandare e combattere, pareva un pò
invecchiato a confronto dell'altra volta quando si era trovato
con i suoi soldati.

3. Salomone di Bretagna disse forte e chiaro il suo nome,
alzando la celata e scoprendo il viso accalorato e dando inoltre
qualche informazione d'ordine pratico come sarebbe il
numero dei suoi cavalieri.

20. La vecchia stampa

C 1. raffinati; 2. cibo; 3. si arrestò; 4. dentro; 5. replicò
6. stupito; 7. sollevò; 8. togliere.

D 1. mercato all'aperto che si tiene ogni lunedì; 2. piccole
stanze, in genere senza finestra, che si usano come ripostigli;
3. le statuette di ceramica a colori che rappresentano Santa

Rita; 4. decorate qua e là di un motivo floreale che rappresenta delle margherite; 5. facendo vedere la parte inferiore di una vecchia stampa; 6. ci volle molto tempo perché il pretore e il venditore arrivassero a capirsi.

E 1. Le panchette, che di solito erano tenute in ripostigli scuri e pieni di umidità, avevano il colore delle viti al cominciare dell'inverno.

2. Il pretore domandò il prezzo, indicando con la mano che teneva in tasca una conchiglia costellata di margherite.

3. Il venditore che non riusciva a capire, domandò che cosa volesse vedere.

21. Zeno

C 1. lasciava; 2. evitare; 3. affanni; 4. ho perduto; 5. nascosti; 6. lo ammise; 7. il micio.

D 1. il latino è una lingua che non mi piace e che non riesco a imparare; 2. con la mia limitata conoscenza della lingua inglese; 3. ci servivamo del latino; 4. le classi educate e benestanti; 5. gli inglesi non hanno alcuna simpatia per gli stranieri; 6. un uomo che vende libri; 7. un gatto dei nostri paesi; 8. il gatto non aveva mai aggredito nessun altro.

E 1. Perché al momento di sostenere gli esami gliene mancava il coraggio.

2. Zeno aveva avuto l'impressione di vivere fra gente ostile in Inghilterra, perché non era riuscito a conoscere gente delle classi più alte e farsi degli amici. Egli aveva infatti perso le lettere di presentazione dategli prima della partenza.

3. A differenza di Zeno, ad Ada l'Inghilterra era piaciuta molto e ne era ritornata entusiasta e con una gran stima per le ragazze inglesi.

22. Il riccio

C 1. non molto intelligente; 2. disteso; 3. il dorso; 4. assomiglia; 5. macchine; 6. il compito.

D 1. il meglio che si possa desiderare; 2. ha modellato sulla loro vita il suo libro che tratta del governo; 3. non ha chiuso occhio durante la notte; 4. il letargo in cui piombano alcuni animali durante i mesi freddi; 5. ieri hai forato la gomma di una bicicletta coi tuoi aculei; 6. pulisce il corpo dalle penne; 7. si accorge che qualcuno sta osservandola.

E 1. È andata a rotolarsi sotto i castagni, e ritorna con molte foglie infilate sugli aculei, che le servono per la sua casa.

2. Il piccino suo la osserva felice, mentre se ne sta accovacciato ai piedi di una quercia.

23. Il telefono visivo

C 1. l'epoca; 2. abbonati; 3. suono; 4. tortura; 5. in forma; 6. così; 7. spinge.

D 1. ad imitazione; 2. stanco e teso per aver lavorato troppo durante il giorno; 3. non causare alcun disturbo a coloro che usano il telefono; 4. un ordigno tecnico; 5. strumento che serve a variare la forza del suono; 6. gli apparecchi che la società telefonica provvede ora per gli abbonati; 7. fa funzionare il campanello del telefono.

E 1. I francesi troveranno fra breve che il servizio telefonico è migliorato e assai meno rumoroso per via dei nuovi telefoni che, dal mese di gennaio, saranno posti a disposizione degli utenti.

2. La piccola lampada farà luce intermittente allo stesso tempo del suono che farebbe il campanello, e si potrà così sapere che si è voluti al telefono.

24. La ' Britannica' in Italia

C 1. ci si chiama; 2. severo; 3. compratore; 4. sistema; 5. lineamenti; 6. si stabilisce; 7. squadra.

D 1. fra persone d'uguale posizione; 2. persona che non perde tempo; 3. sia ben chiaro; 4. capaci di convincere e al tempo stesso di comandare; 5. addestrate e organizzate con una rigida disciplina; 6. una introduce l'argomento, mentre l'altra è pronta a sostenerlo; 7. da ogni lato; 8. termine militare qui usato per indicare i continui e ripetuti inviti fatti all'eventuale cliente perché compri l'enciclopedia.

E 1. Per il compratore italiano il venditore dell'Enciclopedia ha un aspetto del tutto diverso: è spesso infatti una giovane donna, piena di dinamismo e di iniziativa, che si fa viva senza presentazione e non ti lascia in pace, prima di averti convinto con ogni sorta di argomenti, fra cui ce ne sono anche di culturali, a abbonarti e a pagare la prima rata.

2. Agiscono infatti in gruppi, con energia, tenacia e vivo senso d'organizzazione.

3. E magari ci riuscirebbe, se l'insistenza della campagna propagandistica non fosse così forte e continua da finire col vincere ogni resistenza.

25. L'influsso della luna

C 1. strane; 2. fede; 3. favorevole; 4. certi; 5. efelidi; 6. dannoso; 7. osservazione; 8. lo sbaglio.

D 1. che trattano l'influsso che la luna ha su di noi sia fisicamente che moralmente; 2. periodo in cui appare e cresce la luna nuova; 3. magia che si compie per mezzo di gesti ed azioni simili agli effetti che si vogliono ottenere; 4. persone che camminano nel sonno; 5. tagli regolari dei rami delle piante; 6. inserzione di un germoglio di una pianta su di un' altra; 7. fatta senza seguire un rigoroso processo logico.

E 1. Specialmente il novilunio, e anzi il preciso momento dell'apparizione della luna nuova, è ritenuto avere un influsso benefico su diverse malattie.

2. Ad esempio, in Friuli, si crede che per togliere dal volto diversi tipi di macchie della pelle, si deve fingere di rimuoverle dal volto, guardando fisso la luna e ripetendo quest'azione per trenta giorni: al sorgere della luna nuova esse saranno sparite.

3. Per poter appurare se queste superstizioni hanno qualche fondo di verità bisogna rifarsi a quanto si è già detto.

26. I monachicchi

C 1. anime; 2. paesani; 3. forse; 4. leggeri; 5. tutti i tipi; 6. si sporchino; 7. inacidire; 8. dispetti; 9. noiosi.

D 1. sacramento della religione cristiana con cui si diventa membri della chiesa; 2. il bucato posto ad asciugare; 3. nei posti dove meno ci si aspetterebbe di trovarli; 4. non hanno malizia e intenzione di fare seriamente del male; 5. allegro e insolito modo di divertirsi; 6. privato del suo copricapo.

E 1. I monachicchi sono gli spiriti dei bambini morti senza battesimo: se ne trovano parecchi in questa parte della campagna, dove molte volte la gente non fa subito battezzare i propri figli.

2. Ma sono innocenti; non fanno mai seriamente del male a qualcuno e i loro scherzi, anche se noiosi, sono innocui.

3. Portano in capo un cappuccio rosso, più grande di loro: e la più gran disgrazia per un monachicchio è smarrirlo.

27. *Ilaria del Carretto*

C 1. cordiale; 2. despota; 3. residenza; 4. innato; 5. stranezza; 6. divise; 7. tomba.

D 1. dittatore di un paese essenzialmente commerciale; 2. non sto preparando una biografia; 3. lo scultore senese Jacopo della Quercia è qui scherzosamente chiamato scalpellino, uomo che sa soltanto spaccare le pietre; 4. statue che in genere rappresentano figure umane e che servono come sostegno in una costruzione; 5. Ilaria sembra una persona viva che non si sente tanto bene, e non una statua di marmo; 6. tra un poco starà meglio.

E 1. Tutte le volte che vado a Lucca, mi reco a vedere la tomba di Ilaria del Carretto, che sembra dormire sul suo letto di pietra.

2. Basti dire che in un grande salone, con grandi finestroni, in fondo un gran caminone, le pareti compartite da cariatidi

che arrivano al soffitto, il soffitto popolato di giganti, fa sempre piacere vedere una porta di dimensioni naturali, che si adatti alla statura d'un uomo e questo perché ci si ridà il senso delle proporzioni reali.

28. Ieri e oggi

C 1. cambiamento; 2. introdottosi; 3. Italia Meridionale; 4. industrie; 5. atteggiamenti; 6. per quanto riguarda; 7. paragonano; 8. incredibili.

D 1. proprietà terriere; 2. persone incaricate dal padrone di controllare il lavoro dei campi; 3. lavoratori agricoli che non posseggono terra e che lavorano a giornata; 4. incaricati dal padrone di controllare il lavoro degli operai; 5. ha reso più facili i rapporti sociali; 6. persone che si sono trasferite in un nuovo paese; 7. persone che lasciano il paese in cui vivono per trasferirsi altrove, di solito all'estero.

E 1. E ci sono uffici – soprattutto uffici – dove i capi si comportano come dei tiranni coi dipendenti, i quali a loro volta riversano il loro malumore sulle persone che hanno la sfortuna di dover trattare con loro.

2. Ma nel complesso i rapporti fra superiori ed inferiori sono molto mutati, ed è scomparso quell'atteggiamento di disprezzo da parte del capo e di servilismo da parte del sottoposto.

3. Gli immigrati al Nord di oggi sono sempre fortemente progrediti in fatto di dignità umana, se si confrontano agli altri emigrati, ossia agli italiani che si recavano in America a cercar fortuna all'inizio del secolo.

29. Il lavoro

C 1. adatto; 2. si aggiustano; 3. spargendosi; 4. insuccessi; 5. gradatamente; 6. spesso; 7. si prepara; 8. guadagno.

D 1. dedicarsi completamente al proprio lavoro; 2. nei quali ogni cosa va per il meglio sia per chi lavora che per il lavoro; 3. un entusiasmo improvviso e di breve durata; 4. fossero state scelte male; 5. con velocità che varia da persona a persona.

E 1. Con l'espressione 'sposare una professione' si vuole indicare che le relazioni fra il lavoratore e il proprio lavoro sono simili a quelle che esistono fra marito e moglie.

2. Possiamo immaginare che al momento d'iniziare il proprio lavoro si sia fatta una cattiva scelta oppure che, con l'andar del tempo, siano subentrati la noia e il disinteresse.

30. Genova

C 1. comprò; 2. crescere di prezzo; 3. rilevante; 4. complicato; 5. approfondita; 6. commerciali; 7. l'indice; 8. sfiorata; 9. paragone.

D 1. periodo in cui si attraversano delle difficoltà che non tendono a risolversi; 2. gli affitti che si pagano per ingaggiare una nave o parte di una nave; 3. zona ricca di fabbriche compresa fra Milano, Torino e Genova; 4. le fabbriche non rappresentano che una parte minore delle attività economiche genovesi; 5. i movimenti di trasferimento di parte della popolazione da una zona all'altra del paese; 6. una parte poco importante: 7. quantità di industrie.

E 1. Genova è una città di mare, essenzialmente commerciale, la cui vita verte attorno al porto.

2. La popolazione genovese non è aumentata tanto quanto quella di Milano e Torino, perché la città non offre le stesse possibilità di impiego nelle industrie, che sono a Genova meno numerose che nelle altre città.

31. Corse al trotto

C 1. caro; 2. soldi; 3. fangoso; 4. movimenti avanti e indietro; 5. un turacciolo; 6. di un certo tipo; 7. vermi; 8. scuotendo.

D 1. sport praticato dalle classi più ricche e sport praticato dalle classi meno abbienti; 2. mi guarderò bene dall'interferire; 3. colletto della camicia inamidato; 4. gare sportive di cavalli; 5. facendo ressa contro la divisione di legno che separa il pubblico dai concorrenti; 6. da una parte all'altra.

E 1. Sono pronto ad ammettere che, per gente d'un certo stampo, è quello lo sport che ci vuole; ma non credo affatto che io diventerò mai un pescatore che passa il tempo attaccato ad una lenza.

2. Del resto, la mia scelta sportiva è fissata da un pezzo, ossia fin da ragazzino, quando ancora portavo i pantaloni corti e il colletto inamidato.

32. Anglo-fiorentini di cento anni fa

C 1. l'ottocento; 2. la favorita; 3. doveroso; 4. abitavano; 5. scomparso; 6. sfortunato; 7. ribellioni; 8. riordinata.

D 1. costume che durava ormai da più di un secolo; 2. venivano a completare ed arricchire la loro educazione; 3. il salire al potere di Napoleone I; 4. rimossi tutti i segni delle guerre passate; 5. dopo aver sradicate le nuove idee liberali portate dalla Rivoluzione Francese; 6. un improvviso rifiorire dei viaggi all'estero.

E 1. L'ascesa di Napoleone I, le cui idee di grandezza militare avevano distrutto la pace europea, costrinse i nobili inglesi a rinunciare al loro tradizionale viaggio culturale sul Continente.

2. Gli inglesi in particolare ripresero con gioia la via del Continente, lieti di non essere più costretti a starsene rinchiusi in Gran Bretagna.

33. La regia

C 1. immaginarsi; 2. nel punto in cui; 3. ciascuno; 4. voluto; 5. si presenta; 6. servendosi; 7. tipici; 8. sistemazione.

D 1. gli oggetti, i luoghi, e le persone che provocano un' attività creatrice nell'artista; 2. piccolo scalpello d'acciaio che serve per incidere, di solito usato dallo scultore; 3. che si limiti soltanto a trasformare in film ciò che il testo contiene, senza apportarvi un proprio contributo; 4. luogo in cui si girano le scene di un film, in genere al coperto e dove si riproducono i diversi ambienti; 5. le sequenze filmate da Renoir in questo film si susseguono lente ed armoniche, formando un insieme suggestivo ed attraente; 6. è facile dare un gran numero di esempi; 7. gli elementi che vengono fotografati e servono a creare il film; 8. luogo e momento in cui le diverse sequenze filmate vengono selezionate ed unite insieme a formare la versione finale del film.

E 1. Il regista è un vero artista, soltanto quando sappia dare un'interpretazione personale al soggetto del film.

2. I mezzi tipici del cinema sono i mezzi tecnici, quali le macchine da presa, le pellicole, la colonna sonora, e i mezzi plastici, quali gli attori, il panorama, le inquadrature, la musica, effetti di luce.

34. I capricci di Calvino

C 1. all'inizio; 2. completamente; 3. la qualità; 4. succede; 5. incontrarsi; 6. angoscia; 7. riluttanza; 8. la forza.

D 1. hanno successo più tardi; 2. lavori di cui nessuno più si occupa; 3. riceve attenzione da un'ampia parte del pubblico; 4. che non si lascia influenzare dalla voga del momento; 5. un tono lirico e patetico; 6. che rivelino da parte dello scrittore un fermarsi a riflettere sulla serietà delle emozioni trattate nel racconto; 7. riflessioni d'ordine morale; 8. controllare i propri sentimenti e non ribellarsi; 9. la vita presenta una serie infinita di casi diversi ed insoliti.

E 1. Da pochissime settimane, infatti, ne è comparsa la nona edizione, e tutti la considerano un evento letterario di prim'ordine, come se questa fosse la prima e non la nona edizione.

2. Il 'perché' nel suo mondo è un triste mistero. Calvino

non cerca di spiegare il bene e il male, la giustizia e l'ingiustizia, che sembrano essere per lui dolori inevitabili che bisogna sopportare.

3. E proprio questo è il suo dono: la capacità di esaminare e rappresentare la vita nei suoi vari aspetti, senza divenire sentimentale o moralista nei loro riguardi.

35. La scelta del nome

C 1. nella maggior parte dei casi; 2. parente; 3. di moda; 4. parola; 5. simile; 6. si rendono conto; 7. ancor oggi; 8. moderna; 9. bambino; 10. Italia Settentrionale.

D 1. non adopero la parola nipote, perché ha un doppio significato, in quanto serve sia per il figlio di fratelli che per il figlio dei propri figli; 2. torni a vivere un'altra volta; 3. una poesia di carattere lirico; 4. osservano e rispettano questa regola; 5. nome dato all'uomo che tiene un bambino a battesimo; 6. è chiamato nello stesso modo.

E 1. Tra i barbari le condizioni poco igieniche di vita e le frequenti uccisioni fanno sì che la maggior parte degli uomini muoia ancora in giovane età e raramente veda crescere i figli dei propri figli.

2. Affine è la credenza che nel bambino si rincarni un fratello morto, di questo si trova traccia anche in una delle migliori poesie di Victor Hugo, *Le Revenant*.

3. Non a caso, specialmente in alt'Italia, il padrino è chiamato anche sàntolo, vale a dire è il piccolo santo di cui il bambino porta il nome; mentre il nome che entrambi portano viene dal nome di un santo vero e proprio secondo la tradizione della Chiesa.

36. Romanticismo e Risorgimento

C   1. ambiente; 2. intrisa; 3. ne forma; 4. principale; 5. scacciare; 6. idea; 7. collegato.

D   1. teoria su cui si fonda l'arte di scrivere la poesia; 2. diviene reale; 3. nome con cui si indica il periodo di lotte per l'unificazione d'Italia nel secolo XIX; 4. si tratta spesso della situazione politica del giorno; 5. insieme di scritti e saggi di carattere e di propaganda politica; 6. una grande ispirazione ricca di emozioni vive e sentite; 7. governo autoritario e dispotico di origine non nazionale, in questo caso la dominazione austriaca in Italia.

E   1. La poetica del romanticismo italiano era strettamente legata al pensiero politico e alle vicende del suo tempo. La poesia del tempo era infatti ricca di allusioni e riferimenti ai fatti politici del giorno.

2. La patria è la terra in cui si è nati. Il concetto di patria significa i sentimenti che si nutrono per la propria terra.

3. La libertà democratica è quella forma di governo in cui tutti possono esprimere la propria opinione ed il popolo elegge direttamente i suoi rappresentanti.

37. Il giudice D'Andrea

C   1. intonazione; 2. stravagante; 3. dalle quali; 4. emaciato; 5. pallido; 6. fitti; 7. gonfia; 8. intrico; 9. sorgenti.

D   1. L'aspetto del giudice D'Andrea era così ripugnante che pareva il frutto di strani ed orrendi incroci di razze diverse;

2. capire almeno in parte la situazione; 3. capelli ondulati e spinosi; 4. i suoi occhi grigi erano piccoli e facevano fatica a vedere a causa della fronte rugosa e sporgente; 5. non c'era nessuno che facesse il suo dovere meglio di lui; 6. immaginava che le stelle più vive e lucenti fossero i punti di una figura geometrica.

E 1. Poteva avere appena quarant'anni, ma il suo aspetto era così stanco, torturato e brutto che faceva pensare ai dolori di tante generazioni passate e agli incroci di razze diverse.

2. Socchiudendo le palpebre dietro le lenti, seguiva un raggio di luce, come se fosse un filo luminoso che andava dal suo occhio alla stella, e su questo filo immaginario il suo pensiero se ne andava verso gli spazi.

38. Roma antica

C 1. senza ordine; 2. le sottrazioni arbitrarie; 3. moltitudini; 4. molto ricca; 5. opprimente; 6. intenzione; 7. ostilità; 8. prendevano alloggio; 9. gli avanzi; 10. delle antichità.

D 1. i passaggi e le vie strette chiuse fra le serie successive di mura fortificate; 2. ammucchiati confusamente; 3. masse di rifugiati e di immigrati d'ogni risma; 4. condanne all'esilio; 5. le sottrazioni arbitrarie e le ingiustizie in uso; 6. uno stuolo di rovinati finanziariamente che chiedevano cibo e una giusta distribuzione di beni economici; 7. i pochi aristocratici nelle cui mani era il governo e che avevano assassinato Cesare; 8. casupole mal ridotte; 9. un complesso di case e di strade costruite in modo irregolare e disordinato; 10. ugualmente gravi.

a fine di Cartagine in poi, Roma s'era ingrandita
accoglieva ora in sé una popolazione varia e cosmo-
unta nella capitale da diversi paesi d'origine: con essa
unte ricchezze e miserie morali e materiali.

Turbe di sradicati e di spostati d'ogni condizione
no accresciuto la popolazione romana, la quale già pre-
ava una grande instabilità sociale causata dalle lotte interne,
le condanne all'esilio e dalle confische dei beni.